Deutsch für das Berufsleben B1

Übungsbuch

von
Graziella Guenat
Peter Hartmann

Ernst Klett Sprachen
Stuttgart

Deutsch für das Berufsleben B1

Übungsbuch

von
Graziella Guenat
Peter Hartmann

Weitere Komponente:
Deutsch für das Berufsleben B1
Kursbuch   ISBN 978-3-12-675725-6

1. Auflage 1   5 4 3 2 1 | 2014 2013 2012 2011 2010

Alle Drucke dieser Auflage können nebeneinander benutzt werden, sie sind untereinander unverändert. Die letzte Zahl bezeichnet das Jahr des Druckes.

© Ernst Klett Sprachen GmbH, 2010
© der Originalausgaben Klett und Balmer AG, Zug, 2009/2010

Das Werk und seine Teile sind urheberrechtlich geschützt. Jede Nutzung in anderen als den gesetzlich zugelassenen Fällten bedarf der vorherigen schriftlichen Einwilligung des Verlages. Hinweis zu §52a UrhG: Weder das Werk noch seine Teile dürfen ohne eine solche Einwilligung eingescannt und in ein Netzwerk eingestellt werden. Dies gilt auch für Intranets von Schulen und sonstigen Bildungseinrichtungen.

Internet: www.klett.de

Gestaltung, Layout und Illustrationen: Helm AG, Suhr
Satz: Helm AG, Suhr; Satzkasten, Stuttgart
Druck: W. Kohlhammer Druckerei GmbH + Co. KG, Stuttgart

ISBN: 978-3-12-675726-3

Vorwort

Deutsch für das Berufsleben B1 ist ein Lehrwerk für Erwachsene auf der Niveaustufe B1.
Es richtet sich an Lernende, die ihre Deutschkenntnisse besonders im beruflichen Kontext anwenden und verbessern wollen.
Das vorliegende Übungsbuch bildet zusammen mit dem Kursbuch (ISBN 978-3-12-675725-6) ein Lern- und Übungspaket. Deshalb sollten beide Komponenten auch zusammen im Kurs bearbeitet werden.
Kurs- und Übungsbuch vermitteln beide kommunikative Kompetenzen aus der Geschäftswelt und dem privaten Bereich verbunden mit formalem Sprachunterricht und Grammatiktraining. Dabei setzen sie unterschiedliche Schwerpunkte.

Das Übungsbuch folgt dem thematischen Aufbau des Kursbuchs, legt das Gewicht aber auf die Fertigkeit Schreiben, auf Grammatik und Wortschatzarbeit.
Jeder neue Abschnitt im Übungsbuch beginnt mit einer Liste des jeweiligen Wortschatzes, die vom Lernenden mit einer Übersetzung oder einem Anwendungsbeispiel ergänzt werden kann. Nach einer Aufstellung der wichtigsten Sprachmuster zum Thema, folgt eine prägnante Übersicht über die jeweilige Grammatik. Im Anschluss daran werden Wortschatz und Grammatik schriftlich geübt.
Zur leichteren Kontrolle der Übungen finden Sie die Lösungen im Anhang dieses Buches.

Viel Spaß und Erfolg mit *Deutsch für das Berufsleben B1* wünschen

Autoren und Verlag

Inhalt

Kapitel 1	**Am Telefon**.................................	5
1.1	....	6
1.2	....	10
1.3	....	14
1.4	....	16
1.5	....	19
Kapitel 2	**Auf Geschäftsbesuch**.................	23
2.1	....	24
2.2	....	29
2.3	....	34
2.4	....	38
2.5	....	42
Kapitel 3	**Sich kennen lernen**....................	44
3.1	....	45
3.2	....	51
3.3	....	57
3.4	....	61
3.5	....	65
Kapitel 4	**Über die Firma**...........................	67
4.1	....	68
4.2	....	73
4.3	....	78
4.4	....	85
4.5	....	88
Kapitel 5	**Bei der Arbeit**.............................	93
5.1	....	94
5.2	....	101
5.3	....	109
5.4	....	115
5.5	....	121
Kapitel 6	**Messen und Veranstaltungen**.....	124
6.1	....	125
6.2	....	132
6.3	....	139
6.4	....	142
6.5	....	148
Lösungen	....	158

Kapitel 1
Am Telefon

1.1 Wortschatz

das Telefon, -e
der Apparat (hier nur Sg.)
das Telefonbuch, ¨-er
telefonieren
der Anruf, -e
anrufen
er ruft an, rief an, hat angerufen
die Telefonzelle, -n
die Telefonnummer, -n
die Rufnummer, -n
wählen
die Vorwahl
die Landesvorwahl
die Ortsvorwahl
der Teilnehmer, -
die Durchwahlnummer, -n
erreichen
hinterlassen (eine Nachricht …)
er hinterlässt, hinterließ, hat hinterlassen
für + Akk.
weglassen
er lässt weg, ließ weg, hat weggelassen
die Verbindung, -en
die Auskunft, ¨-e

1.1 Sprachmuster

Sich erkundigen und Informationen erhalten
Wie ist die Nummer der Firma …?
Geben Sie mir bitte die Nummer von …
Könnten Sie das in einzelnen Ziffern sagen?
Könnten Sie das bitte langsamer sagen?
Sie wählen … für (Frankreich).
Die Vorwahl für (Wien) ist …, die Rufnummer ist …
Haben Sie das? / Soll ich das wiederholen?
Also, ich wiederhole …

1.1 Grammatik

Ja/Nein-Fragen

Haben Sie die Durchwahlnummer von Frau Moser? ▶ Ja, das ist die 89.
Wollen Sie Herrn Läser etwas ausrichten? ▶ Nein, ich muss ihn persönlich sprechen.

In Fragen ohne Fragewort steht das Verb an erster Stelle.

W-Fragen

Wie **heißt** der Buchhalter?
Was **kommt** nach der 0049?
Wann **kann** ich ihn erreichen?

In Fragen mit einem Fragewort steht das Verb an zweiter Stelle.

Einige Fragewörter:

	Frage	Übersetzung
wer	**Wer** ist am Apparat?	
wen	**Wen** rufst du an?	
wem	**Wem** hat sie den Brief geschrieben?	
was	**Was** ist das?	
wo	**Wo** wohnen Sie?	
wohin	**Wohin** fährt er?	
woher	**Woher** kommen Sie?	
worüber	**Worüber** diskutiert ihr?	
wovon	**Wovon** sprecht ihr?	
wie	**Wie** heißen Sie?	
wie alt	**Wie** alt ist der Computer?	
wie hoch	**Wie** hoch ist die Rechnung?	
wie oft	**Wie** oft trifft sich das Team?	
wie lange	**Wie** lange dauert die Sitzung?	
wie spät	**Wie** spät ist es?	
wie viel	**Wie viel** kostet das Produkt?	
warum	**Warum** ist er nicht da?	
welch-	In **welcher** Abteilung arbeitet sie?	
was für	**Was** für Musik magst du?	
wann	**Wann** ist er wieder im Büro?	

Präsens

	haben	sein	werden	sagen	arbeiten	fahren	geben	lesen	wissen
ich	habe	bin	werde	sage	arbeite	fahre	gebe	lese	weiß
du	hast	bist	wirst	sagst	arbeitest	fährst	gibst	liest	weißt
er/sie/es	hat	ist	wird	sagt	arbeitet	fährt	gibt	liest	weiß
wir	haben	sind	werden	sagen	arbeiten	fahren	geben	lesen	wissen
ihr	habt	seid	werdet	sagt	arbeitet	fahrt	gebt	lest	wisst
sie/Sie	haben	sind	werden	sagen	arbeiten	fahren	geben	lesen	wissen

Trennbare Verben: Ich **rufe** Sie morgen **an**. (anrufen)
Untrennbare Verben: Ich **be**grüße Sie herzlich. (begrüßen)

Folgende Präfixe sind untrennbar: be-, ent-, emp-, er-, ge-, miss-, ver-, zer-

1.1 Übungen

A **Wortschatzarbeit**

1 Bilden Sie fünf Wörter (Präpositionen + Nomen), die mit Telefonieren zu tun haben.

vor   die Wahl
durch   der Ruf
an   das Land
aus   der Schluss

_____   _____

_____   _____

_____

2 Welche von diesen Wörtern kann man mit dem Wort „Telefon" verbinden? Benutzen Sie Ihr Wörterbuch.

die Nummer	die Karte	die Ankunft	das Netz
die Anlage	die Zelle	das Gespräch	der Schluss
der Bericht	die Auskunft	der Teilnehmer	das Buch

die Telefonnummer

_____   _____   _____

_____   _____   _____

_____   _____   _____

3 Ergänzen Sie die Dialoge. Wählen Sie passende Wörter aus den Übungen 1 und 2.

1 *A:* Kennen Sie die Nummer der Firma Schweingruber?

B: Nein, am besten rufen Sie die _____ an.

2 *A:* Können Sie mir die _____ von Hamburg geben?

B: 040.

AM TELEFON

3 *A:* Der _____ ist besetzt. Wollen Sie warten?

B: Nein, danke, ich rufe später wieder an.

4 *A:* Entschuldigen Sie, gibt es hier in der Nähe eine öffentliche _____?

B: Ja, gleich hier um die Ecke ist eine.

5 *A:* Entschuldigen Sie, kann ich hier eine _____ kaufen?

B: Nein, hier leider nicht.

B Grammatik

1 Stellen Sie Fragen, die zu den vorgegebenen Antworten passen.

1 _____?
Der Personalleiter heißt Peter Mosmann.

2 _____?
Nein, Herr Mosmann ist im Moment in einer Besprechung.

3 _____?
Vielleicht gegen 16 Uhr.

4 _____?
Die Sitzung dauert von 13 bis 15:30 Uhr.

5 _____?
Seine Handynummer ist 0179 644 29 00.

6 _____?
Das Büro von Herrn Mosmann ist im ersten Stock.

7 _____?
Es ist modern und hell.

8 _____?
Nächste Woche fährt er nach Belgien.

2 Ergänzen Sie die folgenden Sätze im Präsens.

1 _____ ihr heute bis 17 Uhr im Büro? (sein)

2 Da _____ Sie am besten mit Herrn Lutz. (sprechen)

3 Luisa _____ Tina _____. (anrufen)

4 Ich _____ die 49 für Deutschland. (wählen)

5 Wie _____ der Teilnehmer? Und du, wie _____ du? (heißen)

6 Die Vorwahl für Paris _____ eins. (sein)

7 _____ ihr heute eine Besprechung? (haben)

8 Er _____ mir seine neue Telefonnummer. (geben)

9 Der Anrufer _____ zu leise. _____ ihr auch so leise? (sprechen)

10 Ich _____ nichts. (verstehen)

11 Ich _____ seine Telefonnummer in Portugal. (haben)

12 Er _____ morgen nach Portugal. _____ ihr auch dorthin? (fahren)

13 Er _____ einen Moment. (warten)

14 Es _____ sich niemand! (melden)

1.2 Wortschatz

das Telefongespräch, -e

der Anschluss, ¨-e

verbinden mit + Dat.
er verbindet, verband, hat verbunden

sich ändern

besetzt

frei

auflegen

der Grund, ¨-e

die Besprechung, -en

die Geschäftsreise, -n

ausrichten

zurückrufen
er ruft zurück, rief zurück, hat zurückgerufen

später

übermorgen

nächst... (+ Endungen)
nächsten Freitag

1.2 Sprachmuster

Erster Kontakt
Müller Electronic. Krüger am Apparat. Guten Morgen/Tag.
Guten Tag. Hier spricht Frau Sonne von der Firma ABC in Hamburg.
Könnte/Kann ich bitte Herrn Müller sprechen?
Ich möchte Frau Ross von der Buchhaltung sprechen.
Könnten Sie mich bitte mit der Exportabteilung verbinden?
Ich möchte mit dem Personalleiter sprechen.

Der gewünschte Gesprächspartner ist nicht direkt zu erreichen.
(Einen) Moment bitte. Ich verbinde (Sie).
Bleiben Sie bitte dran. Ich verbinde.
Der Anschluss ist besetzt. Wollen Sie warten?
Tut mir leid, da meldet sich niemand.
Frau Linz ist im Moment leider nicht da/auf Geschäftsreise/in einer Besprechung.
Er/Sie ist vom 22. Juni bis 10. Juli im Urlaub.
Soll ich etwas ausrichten?
Ich muss ihn/sie persönlich sprechen.
Wann kann ich ihn/sie erreichen?

1.2 Grammatik

Zeitangaben

Ohne Präpositionen
übermorgen – heute Nachmittag – morgen früh – etwas später – nächste Woche –
nächsten Monat – vormittags – …

Mit Präpositionen

in	+ 10 Minuten – zwei Stunden – einer halben Stunde – drei Wochen – der Nacht
im	+ Januar (Monate) – Herbst (Jahreszeiten) – Jahr 2010 (aber: 2010 ohne „im") – Moment
am	+ 10. Mai (Datum) – Nachmittag (Tageszeit) – Montag (Tag) – kommenden Freitag
an	+ Feiertage (an Weihnachten, an Ostern)
nach	+ der Mittagspause – dem Mittagessen – dem Frühstück – der Besprechung – der Arbeit
ab	+ Montag – 10 Uhr
um	+ 10 Uhr (Uhrzeit)
gegen	+ 10 Uhr – Mittag
von … bis	+ Uhrzeiten (von 10 Uhr bis 12 Uhr), von Montag bis Freitag, von Mai bis Juni
vor	+ eine bestimmte Zeit (vor einem Jahr, zwei Monaten, drei Tagen)

Ordnungszahlen

erste – zwei**te** – **dritte** – vier**te** – … – **siebte** – **achte** – … – neunzehn**te** – zwanzig**ste** – … – dreißig**ste** – …
Daten: Am 16. März (= am sechzehnten März) – Heute ist der 14. Juli (= der vierzehnte Juli)

Indirekte Fragen

Direkte Frage:	**Wann** kann ich sie erreichen?		**Direkte Frage:**	**Ist** Herr Moser im Büro?
Indirekte Frage:	Bitte sagen Sie mir, **wann** ich sie erreichen kann.		**Indirekte Frage:**	Wissen Sie, **ob** Herr Moser im Büro **ist**?

Eine indirekte Frage wird von einem Fragewort oder „ob" eingeleitet. Wie in allen Nebensätzen steht das Verb am Ende des Satzes. Wenn man nach Informationen fragt, klingt eine indirekte Frage höflicher. Am Ende muss nicht unbedingt ein Fragezeichen stehen.

Modalverben

Präsens	können	dürfen	müssen	sollen	wollen	mögen
ich	kann	darf	muss	soll	will	mag
du	kannst	darfst	musst	sollst	willst	magst
er, sie, es	kann	darf	muss	soll	will	mag
wir	können	dürfen	müssen	sollen	wollen	mögen
ihr	könnt	dürft	müsst	sollt	wollt	mögt
sie, Sie	können	dürfen	müssen	sollen	wollen	mögen

Kann ich bitte Herrn Schuster **sprechen**?
Soll ich etwas **ausrichten**?

Das Verb mögen wird unterschiedlich benutzt:
mögen + Objekt im Akkusativ = jemanden/etwas gern haben, z.B. Ich mag meinen Beruf; mögen in der Form des Konjunktiv II (siehe Arbeitsbuch Grammatik 3.1) + ein zweites Verb im Infinitiv drückt einen höflichen Wunsch aus, z.B. Ich möchte Herrn Becker sprechen.

Der Infinitiv steht immer am Ende eines Satzes.

1.2 Übungen

A Wortschatzarbeit

1 Ordnen Sie die Wörter zu sinnvollen Sätzen oder Fragen und ergänzen Sie dann den Dialog.

wann / erreichen / ich / ihn / kann	ausrichten / ich / etwas / kann
sprechen / ich / Herrn Krause / möchte	muss / persönlich / ihn / sprechen / ich
Moment / Platz / er / an / im / seinem / ist / nicht	
Stunde / einer / es / probieren / Sie / in / wieder / halben	

A: Firma Hübner, guten Tag.

B: Guten Tag, hier spricht Bauer von der Firma Kluger. 1) _____

_____

A: Ah, Frau Bauer! Es tut mir leid, aber 2) _____

B: 3) _____ ?

A: Das weiß ich nicht. 4) _____ ?

B: Nein, danke, 5) _____

A: Also, 6) _____

B: Alles klar. Vielen Dank, auf Wiederhören.

2 „Nur" oder „erst"? Setzen Sie die passende Form ein.

1 Das Zimmer ist billig, es kostet _____ 40 Euro pro Nacht.

2 Herr Braun ist _____ ab 11:00 Uhr im Büro.

3 Wir können leider _____ übermorgen liefern.

4 Können Sie wechseln? Ich habe leider _____ einen Fünfzig-Euro-Schein.

5 Wir wohnen _____ seit einem Jahr in Berlin.

6 Ich brauche _____ fünf Minuten bis zur Arbeit.

AM TELEFON

B **Grammatik**

1 Bilden Sie aus den direkten Fragen indirekte Fragen.

1 Wie heißt der Vertriebsleiter?

Wissen Sie, _____?

2 Wann fängt der Einführungskurs an?

Können Sie mir sagen, _____?

3 Wie funktioniert diese Maschine?

Können Sie mir zeigen, _____?

4 Hat Frau Seiler eine Durchwahlnummer?

Wissen Sie, _____?

5 Arbeitet Herr Stern im Versand?

Ich möchte wissen, _____.

2 Ergänzen Sie folgende Sätze.

1 Unsere Schalter sind _____ Montag _____ Freitag jeweils _____ 14:00 Uhr _____ 16:00 Uhr geöffnet.

2 Wir rufen Sie _____ Freitagmorgen wieder an.

3 Der Zug kommt _____ 16:27 Uhr in Freiburg an.

4 Ist gut, wir treffen uns _____ 18. November _____ 09:30 Uhr.

5 Es tut mir leid, _____ Juli sind alle Zimmer belegt.

6 Mein Sohn ist _____ 1986 geboren.

7 Er ruft Sie _____ einer halben Stunde zurück!

8 _____ Ostern fahren wir weg.

3 Ergänzen Sie folgende Sätze.

müssen (1x) – mögen (1x) – sollen (1x) – können (2x) – wollen (1x) – dürfen (2x)

1 _____ ich etwas ausrichten?

2 _____ Sie mich mit Herrn Sulzer verbinden?

3 _____ Sie warten?

4 _____ du das wiederholen, bitte?

5 _____ man hier das Handy benutzen?

6 Herr Simons _____ nächste Woche unbedingt nach Bonn fahren.

7 Lea _____ ihren Chef nicht. Er ist zu streng.

8 _____ ich Sie morgen früh anrufen?

1.3 Wortschatz

zuständig sein für + Akk.

sich handeln um + Akk.

sprechen mit + Dat. / **über** + Akk.
er spricht, sprach, hat gesprochen

wegen + Gen.

liefern

die Lieferung, -en

die Reklamation, -en

die Rechnung, -en

gerade

die Buchhaltung

der Kundendienst

die Bestellung, -en

bestellen

funktionieren

die Abteilung, -en
die Versandabteilung
die Verkaufsabteilung
die Marketingabteilung

bekommen
er bekommt, bekam, hat bekommen

senden
er sendet, sandte, hat gesandt
(auch: sendete, hat gesendet)

schicken

der Mitarbeiter, -

die Mitarbeiterin, -nen

der Katalog, -e

der Prospekt, -e

die Postleitzahl, -en

buchstabieren

1.3 Sprachmuster

Gründe eines Anrufs, den gewünschten Ansprechpartner erreichen
Ich verbinde Sie mit dem Kundendienst/mit der Versandabteilung.
Es geht um Folgendes: / Es handelt sich um Ihre Rechnung/Ihren Auftrag vom …
Ich rufe wegen Ihrer Rechnung/Ihres Angebots an.
Da sprechen Sie am besten mit dem Buchhalter/mit der Personalleiterin./Ich verbinde Sie weiter.
Ich habe eine Frage zu Ihrem Angebot/unserer Bestellung.

AM TELEFON

1.3 Übungen

A Wortschatzarbeit

1 Wie kann man diese Sätze anders formulieren?
Bilden Sie aus den fettgedruckten Verben passende Substantive.

1 Gestern haben wir bei Ihnen Tennisschuhe **bestellt**.

   Gestern haben wir bei Ihnen eine _____ für Tennisschuhe aufgegeben.

2 Ich möchte eine Lieferung **reklamieren**.

   Es geht um die _____ einer Lieferung.

3 Sie haben unsere letzte Rechnung noch nicht **bezahlt**.

   Wir warten auf die _____ unserer letzten Rechnung.

4 Können Sie diese Artikel sofort **liefern**?

   Können wir mit einer sofortigen _____ rechnen?

B Grammatik

1 Welche Antwort passt zu welcher Frage?

1 Mit wem spreche ich am besten über eine Rechnung?   a Einen Augenblick, ich verbinde.
2 Können Sie mich mit der Buchhaltung verbinden?   b Nein, da sprechen Sie am besten mit Frau Bloch. Ich verbinde Sie weiter.
3 Ist das der Kundendienst?   c Geben Sie mir bitte die Liefernummer.
4 Sind Sie für Aufträge zuständig?   d Mit Herrn Rauch. Der kümmert sich um die Aufträge.
5 Ich möchte eine Lieferung reklamieren.   e Ja, worum handelt es sich?

2 Setzen Sie die Präpositionen ein: vor / für / um / wegen / mit / im / am / von / zu

A: Guten Tag, mein Name ist Behrens. Ich rufe 1) _____ einer Rechnung an.

2) _____ wem kann ich darüber sprechen?

B: Ich verbinde Sie 3) _____ Frau Stolz, die ist 4) _____ die Buchhaltung zuständig.

C: Guten Tag, Stern 5) _____ Apparat.

A: Guten Tag, hier spricht Behrens 6) _____ der Firma Salzmann. Ich möchte Frau Stolz sprechen.

C: Frau Stolz ist 7) _____ Moment leider nicht da. Sie kommt erst 8) _____ 13:00 Uhr

zurück. 9) _____ was geht es denn? Vielleicht kann ich Ihnen helfen?

A: Ich habe eine Frage 10) _____ einer Rechnung, die wir

11) _____ zwei Tagen erhalten haben. Ich glaube, irgendwo ist ein Fehler passiert.

C: 12) Tut mir leid, da kann ich Ihnen doch nicht helfen. Da_____ bin ich nicht zuständig. Reden Sie

13) _____ besten 14) _____ Frau Stolz.

A: OK, dann rufe ich 15) _____ Nachmittag wieder an. Auf Wiederhören.

15

1.4 Wortschatz

der Anrufbeantworter, -
die Sitzung, -en
die Leitung
die Nachricht, -en
hinterlassen (eine Nachricht)
er hinterlässt, hinterließ, hat hinterlassen
ausrichten
der Rückruf, -e
der Termin, -e
bitten um + Akk.
die Gesprächsnotiz, -en
betrifft
aufnehmen
er nimmt auf, nahm auf, hat aufgenommen
selbstverständlich
die Einzelheit, -en
dringend
vereinbaren (einen Termin …)
sich melden
wiederholen
der Auftrag, ¨-e
bestätigen
defekt
Bescheid sagen
die Anschrift

1.4 Sprachmuster

Eine Nachricht hinterlassen
Soll ich etwas ausrichten?
Er/Sie ist nicht zu erreichen.
Wollen Sie eine Nachricht hinterlassen?
Könnten Sie ihm/ihr etwas ausrichten?
Sagen Sie Herrn Moser, dass ich angerufen habe.
Könnte er mich so bald wie möglich zurückrufen?
Wie ist Ihre Telefonnummer?
In Ordnung. Ich sage Herrn/Frau Zimmermann Bescheid.
Ich bin bis 18 Uhr im Büro zu erreichen.

1.4 Grammatik

Der Imperativ

Der Imperativ-Satz drückt einen Befehl oder eine Anweisung aus. Er endet mit einem Ausrufezeichen.

Die höfliche Sie-Form

Hören Sie zu!
Kommen Sie mit!
Rufen Sie bitte später zurück!

Man nimmt die Verbform des Präsens, gefolgt von „Sie". Bei trennbaren Verben steht das Präfix am Satzende (Sie hören zu. → Hören Sie zu!).
Achtung: Die Imperativform von „sein" ist: Seien Sie …

Die du-Form

Komm mit!
Hör zu!
Ruf bitte zurück!

Man nimmt die Verbform des Präsens, lässt die Endung -st und das Personalpronomen „du" weg (Du kommst pünktlich. → Komm pünktlich!). Bei starken Verben lässt man auch den Umlaut weg (du fährst → fahr). Nach -d, -ig, -n, -t wird ein -e angehängt, z. B.: sende, arbeite, zeichne, …
Die Imperativform von „sein" ist: Sei …

Die ihr-Form

Kommt mit!
Hört zu!
Ruft bitte zurück!

Man nimmt die Verbform des Präsens und lässt das Personalpronomen „ihr" weg (Ihr kommt pünktlich. → Kommt pünktlich!).
Die Imperativform von „sein" ist: Seid …

Die dass-Sätze

Aussagesatz: Ich **habe** angerufen.
Indirekte Aussage: Sagen Sie Herrn Boltmann, **dass** ich angerufen **habe**.

Diese „dass-Sätze" sind Nebensätze, das konjugierte Verb steht am Satzende.

1.4 Übungen

A Wortschatzarbeit

1 Ergänzen Sie die folgenden Sätze sinngemäß.

A: Guten Tag, hier Berger. 1) _____

B: Herr Schneider ist leider 2) _____

A: Wie lange dauert die Sitzung?

B: Die könnte den ganzen Vormittag dauern. 3) _____ ?

A: Ja, bitte. Ich bin morgen in Hamburg und möchte Herrn Schneider gern besuchen.

4) _____, um einen passenden

Termin zu vereinbaren? Ich bin bis 17:00 Uhr im Büro.

B: 5) _____ ?

A: Ich glaube schon, aber ich gebe sie Ihnen noch mal durch: 030 67 90 12.

B: In Ordnung, Herr Berger, 6) _____

B Grammatik

1 Richten Sie die Nachricht in Übung A Ihrem Chef aus.

Herr Berger hat angerufen. Er sagt, dass er 1) _____

und dass er 2) _____ .

Er möchte, dass Sie 3) _____ ,

um einen Termin zu vereinbaren. Sie können ihn jetzt zurückrufen.

Ich weiß, dass er 4) _____ .

2 Sie haben folgende E-Mail von Ihrem Chef erhalten. Welches Verb aus dem Kasten passt? Ergänzen Sie das Verb in der richtigen Form des Imperativs.

| telefonieren | anrufen | kaufen | sein | öffnen | abholen | sprechen | fahren |

Liebe(r) Herr/Frau …

Bitte 1) _____ die Post und 2) _____ mich _____, wenn Sie das Angebot von der Firma Sismo erhalten haben. Ganz wichtig: Frau Rot hat morgen Geburtstag. 3) _____ bitte Blumen und eine Flasche Sekt! Da ist noch etwas: 4) _____ mit Herrn Mossanski in Bonn. 5) _____ mit ihm über unser neues Projekt. Bitte, 6) _____ meine Frau um 16:00 Uhr vom Flughafen _____ . 7) _____ langsam und 8) _____ vorsichtig.

Bis später, Walter Schmidt

Sie haben keine Zeit, das alles zu tun. Schicken Sie die E-Mail an einen Kollegen.

(Lieber Max …)

1.5 Wortschatz

absagen (einen Termin …)

verschieben (einen Termin …)
er verschiebt, verschob, hat verschoben

der Stau, -s

der Streik, -s

streiken

einhalten
er hält ein, hielt ein, hat eingehalten

die Unterlagen (Pl.)

das Angebot, -e

passen

besichtigen

die Besichtigung, -en

unterwegs

beschäftigt

verreisen*

die Unannehmlichkeit, -en

das Verständnis

der Terminkalender, -

die Vereinbarung, -en

1.5 Sprachmuster

Verabredungen treffen und ändern
Können wir einen Termin vereinbaren?
Ich möchte gern einen Termin mit Ihnen / für nächste Woche / am Montag vereinbaren.
Welches Datum / Welcher Tag passt Ihnen am besten?
Geht es am Mittwoch, dem 7. Juli?
Geht es Mittwoch, den 7. Juli?
Wäre Ihnen auch Donnerstag / der 8. Juli / recht?
Ich sehe in meinem Terminkalender nach.
Donnerstag / Der 8. Juli / 15 Uhr passt mir gut / schlecht / leider nicht.
Da habe ich schon einen anderen Termin / bin ich nicht im Haus / im Büro.
Freitag / nächste Woche / 17 Uhr passt mir besser.
Am Dienstag habe ich noch keine Termine.
Können wir den Termin auf Montag / auf 16 Uhr verschieben?
Es ist etwas dazwischengekommen.

1.5 Grammatik

Stellung des Verbs im Hauptsatz

A Aussagesätze
Ich **rufe** morgen früh zurück.
Er **möchte** Herrn Bolt sprechen.
Er **hat** gestern angerufen.

B Fragesätze
Woher **kommt** Ivan?
Kommt er aus Ungarn?

C Imperativsätze
Ruf bitte vorher an!
Sprecht bitte leiser!
Füllen Sie das Formular aus!

Stellung des Verbs in Satzverbindungen

Stellung des Verbs in Hauptsätzen, die mit „und", „aber", „oder", „denn" verbunden werden:
Sie **kommt** aus Spanien und sie **studiert** in Barcelona.
Er **möchte** Herrn Blaser sprechen, aber es **meldet** sich niemand.
Herr Braun **kommt** mit dem Auto oder er **nimmt** den Zug
Sie **kann** nicht kommen, denn sie **ist** auf Geschäftsreise.

Diese Konjunktionen haben keinen Einfluss auf die Satzstellung. Das Verb bleibt das zweite Element in jedem Teilsatz.

Stellung des Verbs im Nebensatz

A dass-Sätze
Er glaubt, dass er den Termin absagen **muss.**

B Indirekte Frage
Ich weiß nicht, ob er genug Zeit **hat.**
Können Sie mir sagen, wann er wieder da **ist.**

C weil-Sätze
Sie hat angerufen, weil sie Verspätung **hat.**

Das Verb steht im Nebensatz an letzter Stelle.

1.5 Übungen

A Wortschatzarbeit

1 Herr Schröder ruft Frau Ressel an. Ergänzen Sie den folgenden Dialog.

S: Guten Tag, Frau Ressel, hier Schröder. Wir müssen unbedingt über unser neues

Projekt _____ . Können wir einen _____ für diese Woche

_____ ?

R: Diese Woche bin ich leider zu _____ , nächste Woche wäre _____ .

_____ Ihnen Montagvormittag?

S: Nein, das _____ , weil ich am _____ schon

zwei _____ habe. Geht es vielleicht am _____ ?

R: Nein, das ist leider nicht _____ , denn ich bin bis Donnerstag auf der

Messe in Düsseldorf. Aber wäre Ihnen Freitagnachmittag _____ ?

S: Nein, leider nicht. Moment! Mein erster _____ am Montag ist um 10:00 Uhr,

_____ wir uns vielleicht davor _____ ?

Oder ist Ihnen 8:30 Uhr zu _____ ?

R: Nein, das _____ mir sehr gut.

S: Gut. Treffen wir uns also _____ Montag, dem 23. März, um halb _____ .

Auf _____ .

B Grammatik

1 Schreiben Sie das Datum in Worten. Beispiel: Unser Termin ist am *elften September*. (11. 9.)

1 Heute ist der _____ . (13. 10.)

2 Heute haben wir den _____ . (3. 6.)

3 Hätten Sie am _____ (16. 3.) Zeit?

4 Ich bin vom _____ bis zum _____ (21.–30. 7.) im Urlaub.

5 Treffen wir uns am Freitag, dem _____ ? (7. 5.)

(siehe auch 1.2 Grammatik S. 11 und 4.3 Grammatik S. 80)

2 Wählen Sie einen passenden Grund aus dem Kasten und verbinden Sie die Sätze mit „weil" oder „denn".

> Ich hatte eine Panne auf der Autobahn.   Es ist etwas dazwischengekommen.
> Ich finde die Kollegen sehr nett.   Der Computer funktioniert nicht.
> Wir haben im Moment Probleme mit der Produktion.

1 Ich muss meinen Termin absagen, denn _____

2 Ich konnte Herrn Schmidt gestern leider nicht besuchen, weil _____

3 Ich kann Ihre Bestellnummer im Moment nicht finden, weil _____

4 Wir können den Liefertermin leider nicht einhalten, weil _____

5 Ich arbeite gern bei der Firma, denn _____

3 Ergänzen Sie folgende Sätze mit „weil, dass, ob, denn, aber, oder, und".

1 Herr Marsch ruft an, _____ er einen Termin verschieben muss.
2 Ich muss Ihnen leider mitteilen, _____ ich den Liefertermin nicht einhalten kann.
3 Rufen Sie mich zurück _____ rufe ich Sie an?
4 Der Vertreter hat Verspätung, _____ er steckt im Stau.
5 Frau Sommer ist heute nicht im Büro, _____ morgen können Sie sie erreichen.
6 Direktor Röthe ist diese Woche abwesend, _____ er ist auf einer Geschäftsreise.
7 Können Sie mir sagen, _____ folgende Adresse richtig ist?
8 Sie erhalten die Lieferung in 3 Tagen _____ die Rechnung folgt mit der Post.
9 Die Züge haben Verspätung, _____ das Personal streikt.
10 Warten Sie bitte! Ich muss nachschauen, _____ ich noch einen Termin frei habe.

Kapitel 2
Auf Geschäftsbesuch

2.1 Wortschatz

Herzlich willkommen!

begrüßen

die Begrüßung, -en

sich verabschieden von + Dat.

(sich) vorstellen

das Gespräch, -e

die Firma, Firmen

sein
er ist, war, ist gewesen

haben

sich treffen mit + Dat.
er trifft sich, traf sich, hat sich getroffen

verheiratet

der Termin, -e

die Frage, -n

guten Tag

guten Morgen

guten Abend

gute Nacht

Hallo

auf Wiedersehen

Tschüs(s)

die Stadt, ¨-e

die Reise, -n

der Flughafen, ¨-

die Autofahrt, -en

das Wetter

scheinen
es scheint, schien, hat geschienen

die Sonne

die Arbeit, -en

der Sport

die Politik

das Einkommen

der Urlaub (Sg.)

der Besuch, -e

die Verspätung, -en

pünktlich

Auf Geschäftsbesuch

das Büro, -s

landen°

gefallen
es gefällt, gefiel, hat gefallen

besonders

zum ersten Mal

nicht wahr?

stimmen

schade

leidtun + Dat.
es tut mir leid, es tat mir leid, es hat mir leidgetan

finden
er findet, fand, hat gefunden

der Flug, ¨-e

das Flugzeug, -e

geschäftlich

das letzte Mal

der Stadtplan, ¨-e

schrecklich

die Lage, -n

der Kunde, -n

die Kundin, -nen

die Woche, -n

freundlich

vor (... vier Wochen)

2.1 Sprachmuster

Einen Besucher begrüßen
Herzlich willkommen!
Guten Morgen/Tag/Abend.
Wie war die Reise?
Hatten Sie eine angenehme Reise/Fahrt/einen angenehmen Flug?
Haben Sie gut zu uns gefunden?
Auf Wiedersehen!

2.1 Grammatik

Präteritum der Hilfsverben

	haben		sein
ich	hatte	ich	war
du	hattest	du	warst
er, sie, es	hatte	er, sie, es	war
wir	hatten	wir, sie, Sie	waren
ihr	hattet	ihr	wart
sie, Sie	hatten	sie, Sie	waren

Perfekt

Ich **habe** den ganzen Tag **gearbeitet**.
Haben Sie das Büro leicht **gefunden**?
Wir **sind** pünktlich **gelandet**.

Das Perfekt wird mit dem Partizip II und den Hilfsverben haben oder sein gebildet. Die meisten Verben bilden das Perfekt mit haben, die intransitiven Verben mit sein. (Intransitiv sind Verben, die kein Objekt im Akkusativ nehmen können; zu ihnen gehören die Bewegungsverben.)
Das Partizip II steht am Ende des Satzes.
Modalverben und die Verben „haben" und „sein" benutzt man eher im Präteritum, z.B. Ich war in der Türkei.

Bildung des Partizip II

- schwache Verben   **-en** ▶ **ge-** -(e)**t**
  - machen ▶ **ge**mach**t**
  - arbeiten ▶ **ge**arbeit**et**
  - reden ▶ **ge**red**et**
  - rechnen ▶ **ge**rechn**et**

- starke Verben   **-en** ▶ **ge-** (oft Vokalwechsel) **-en**
  - kommen ▶ **ge**komm**en**
  - gehen ▶ **ge**gang**en**
  - treffen ▶ **ge**troff**en**

- gemischte Verben   **-en** ▶ **ge-** (oft Vokalwechsel) **-t**
  - bringen ▶ **ge**brach**t**

Wir **haben** am Seminar **teilgenommen**.
Letztes Jahr **haben** wir zwei Wochen in Spanien **verbracht**.
Er **hat** nicht **telefoniert**.

- trennbare Verben
  - ab̲holen ▶ ab**ge**holt
  - ab̲fahren ▶ ab**ge**fahr**en**

- untrennbare Verben
  - erzählen ▶ erzähl**t**
  - beginnen ▶ begonn**en**

- Verben mit Endung auf -ieren   telefonieren ▶ telefonier**t**

2.1 Übungen

A Wortschatzarbeit

1 Schreiben Sie die Fragen (Fragen ohne Fragewörter) zu diesen Antworten.

A: 1) _____

B: Ja, danke, ohne Probleme. Ich bin mit dem Taxi vom Hotel gekommen.

A: 2) _____

B: Ja, ich bin mit dem Hotel sehr zufrieden. Ich habe eine schöne Aussicht.

A: 3) _____

B: Nein, ich komme oft geschäftlich hierher.

A: 4) _____

B: Ja, es gefällt mir hier sehr gut. Ich finde die Leute sehr freundlich.

A: 5) _____

B: Nein, ich wohne erst seit fünf Jahren in Frankfurt, komme aber eigentlich aus Bremen im Norden.

A: 6) _____

B: Ja, ich wohne sehr gern dort. Frankfurt ist eine sehr lebendige Stadt.

B Grammatik

1 Setzen Sie die Fragewörter ein: Wie? (3x) – Was für? – Wo? – Woher? – Wie lange? – Wann? Welche Antwort passt zu welcher Frage?

1 _____ war die Reise?	a	Vor drei Monaten, auch geschäftlich.
2 _____ ist das Wetter bei Ihnen?	b	Aus Berlin.
3 _____ ist Ihr Hotel?	c	Seit zehn Jahren.
4 _____ waren Sie das letzte Mal hier?	d	Gut, danke. Wir sind pünktlich gelandet.
5 _____ gefällt es Ihnen hier?	e	In der Stadtmitte, beim Bahnhof.
6 _____ kommen Sie in Deutschland?	f	Sehr gut. Es ist eine schöne Stadt.
7 _____ wohnen Sie schon dort?	g	Sonnig, aber kalt.
8 _____ eine Stadt ist Berlin?	h	Meiner Meinung nach die interessanteste Stadt in Deutschland.

2 Ergänzen Sie folgende Sätze mit „haben" oder „sein" im Präteritum.

1 Wo _____ ihr gestern Abend?

2 _____ ihr schönes Wetter?

3 _____ du schon einmal in Berlin?

4 Ich _____ letzte Woche ein Seminar in Berlin.

5 Das Seminar _____ großen Erfolg.

3 Setzen Sie folgende Verben ins Perfekt. Wie sind in Ihrem Wörterbuch die starken (unregelmäßigen) Verben und die trennbaren Verben markiert?

machen	er _____		telefonieren	sie _____
lesen	ich _____		anrufen	du _____
trinken	du _____		bekommen	er _____
sprechen	ihr _____		besuchen	ich _____
schreiben	er _____		verstehen	wir _____
essen	Sie _____		fernsehen	er _____
fragen	ihr _____		einkaufen	ihr _____
hören	du _____		anfangen	es _____
antworten	ich _____		aufstehen	du _____
arbeiten	er _____		schicken	ihr _____

4 Setzen Sie das Partizip II des Verbs in Klammern in die Sätze ein.

A: Mit welcher Fluglinie sind Sie 1) _____ (kommen)?

B: Mit der Lufthansa.

A: Haben Sie das Büro leicht 2) _____ (finden)?

B: Ja, danke, ich bin mit dem Taxi 3) _____ (fahren).

A: Möchten Sie etwas trinken?

B: Nein danke, ich habe schon einen Kaffee 4) _____ (trinken).

A: Ist das Wetter bei Ihnen so schön wie hier?

B: Ja, diese Woche hat die Sonne jeden Tag 5) _____ (scheinen).

5 Setzen Sie die folgenden Sätze ins Perfekt.

1 Sie zeigt mir die Firma. _____
2 Gefällt es Ihnen hier? _____
3 Herr Siegenthaler wohnt in Wangen. _____
4 Ihr kommt auch mit. _____
5 Der Direktor gibt ihr einen Brief. _____
6 Sie treffen sich am Bahnhof. _____
7 Die Sekretärin empfängt die Besucher. _____
8 Wir begleiten den Kunden zum Bahnhof. _____
9 Das Flugzeug landet um 10:55 Uhr. _____
10 Ihr schreibt eine E-Mail. _____

2.2 Wortschatz

ankommen*
er kommt an, kam an, ist angekommen

sich ansehen
er sieht sich an, sah sich an, hat sich angesehen

können

mögen

dürfen

nehmen
er nimmt, nahm, hat genommen

trinken
er trinkt, trank, hat getrunken

anbieten
er bietet an, bot an, hat angeboten

die Erfrischung, -en

der Kaffee

der Tee

das Mineralwasser

die Cola

der Orangensaft

der Apfelsaft

der Keks, -e

faxen

das Fax, -e

das Faxgerät, -e

der Fotokopierer, -

fotokopieren

rauchen

zeigen

die Toilette, -en

kaputt

der Aschenbecher, -

leider

erlaubt

mitkommen*
er kommt mit, kam mit, ist mitgekommen

fertig

holen

geben
er gibt, gab, hat gegeben

der Koffer, -

abstellen

der Taschenrechner, -

erzählen

2.2 Sprachmuster

Eine Erfrischung anbieten
Möchten Sie einen Kaffee/eine Cola/ein Mineralwasser?
Ja, bitte/gerne.
Nein, danke.
Trinken Sie den Tee mit oder ohne Zitrone?
Wie trinken Sie den Kaffee? Mit Milch und Zucker?
Danke, aber ich trinke keine Cola./Ich habe keinen Durst.
Hätten Sie vielleicht auch ein Mineralwasser?
Hier ist der Kaffee/die Cola/das Mineralwasser.

2.2 Grammatik

Der Nominativ

Der Besucher kommt aus Hamburg.
Hier sind **der Tee, die Cola und das Mineralwasser.**

Das **Subjekt** *des Satzes steht im Nominativ.* **Wer** *kommt? Der Besucher.* **Was** *ist hier? Der Tee.*

Der Akkusativ

Frau Brett holt **den Besucher** vom Flughafen ab.
Der Besucher trinkt **einen Tee.**

Das **direkte Objekt** *eines Verbs steht im Akkusativ.* **Wen** *holt sie ab? Den Besucher.* **Was** *trinkt er? Einen Tee.*

Der bestimmte Artikel und der Demonstrativartikel

Kasus	Maskulin	Feminin	Neutrum	Plural
Nominativ	der	die	das	die
	dies**er**	dies**e**	dies**es**	dies**e**
Akkusativ	den	die	das	die
	dies**en**	dies**e**	dies**es**	dies**e**

Der unbestimmte Artikel und der Negativartikel

Kasus	Maskulin	Feminin	Neutrum	Plural
Nominativ	ein	eine	ein	-
	kein	keine	kein	keine
Akkusativ	ein**en**	eine	ein	-
	kein**en**	keine	kein	keine

Die Verneinung: nicht / kein… / nichts / nie

Ich muss arbeiten und kann **nicht** kommen.
Er hat viel gearbeitet, aber er ist **nicht** müde.
Er fährt **nicht** mit dem Bus, er geht lieber zu Fuß.

Aber:
Luisa hat Durst. Michael hat **keinen** Durst.
Luisa trinkt eine Cola. Michael trinkt **keine** Cola.

Verstehst du etwas? – Nein, **nichts.**
Er hat immer Verspätung, er kommt **nie** pünktlich.

2.2 Übungen

A Wortschatzarbeit

1 Setzen Sie ein passendes Verb aus dem Kasten ein. Benutzen Sie jedes Verb nur einmal.

| haben | schicken | anbieten | mitbringen | brauchen | zeigen | abholen | holen |

1 Darf ich Ihnen unsere Firma _____ ?

2 Kann ich bitte ein Glas Wasser _____ ?

3 Wann soll ich Sie vom Hotel _____ ?

4 Könnten Sie mir Ihre Preisliste zu unserem Termin _____ ?

5 Könnte ich ein Fax nach Deutschland _____ ?

6 Ich _____ den Prospekt sofort. Bitte warten Sie kurz hier.

7 Darf ich Ihnen einen Kaffee _____ ?

8 Ich _____ keinen Zucker, danke.

B Grammatik

**1 Setzen Sie ein: „Könnte ich"? oder „Könnten Sie"?
Welche Antwort passt zu welcher Frage?**

1 _____ hier auf Frau Meyer warten?   a Ja gern. Um wie viel Uhr?

2 _____ mir diesen Bericht kopieren?   b Was kann ich für Sie tun?

3 _____ Herrn Braun vom Flughafen   c Es tut mir leid, hier dürfen Sie nicht rauchen.
   abholen?

4 _____ einen Aschenbecher haben?   d Ja, natürlich. Brauchen Sie ihn sofort?

5 _____ mir helfen?   e Ja, nehmen Sie bitte Platz.

2 Nominativ oder Akkusativ? Unterstreichen Sie das Subjekt mit einem roten Stift und das direkte Objekt mit einem blauen Stift.

1 Ich trinke keine Cola, denn ich habe keinen Durst.

2 Hier ist das Mineralwasser, Herr Olson. Möchten Sie auch Kekse?

3 Frau Simon nimmt ein Glas Orangensaft.

4 Der Kuchen ist sehr gut. Wollen Sie auch ein Stück Kuchen?

Auf Geschäftsbesuch

3 Setzen Sie den unbestimmten Artikel oder den Negativartikel im Akkusativ ein.

1 A: Möchten Sie a) _____ Kaffee?
B: Nein, danke, ich habe b) _____ Durst.

2 A: Möchten Sie c) _____ Cola?
B: Ich trinke lieber d) _____ Glas Mineralwasser.

3 A: Nehmen Sie doch e) _____ Keks.
B: Danke, ich habe f) _____ Hunger.

4 A: Darf ich Ihnen g) _____ Tee bringen?
B: Ja, bitte, ich trinke gern h) _____ Tasse Tee.
A: Nehmen Sie den Tee mit Milch oder Zitrone?
B: Mit Zitrone bitte, ich trinke i) _____ Milch.

5 A: Möchten Sie j) _____ Bier?
B: Danke, ich darf k) _____ Bier trinken. Ich muss noch Auto fahren.

4 Setzen Sie „nicht" oder „kein – keine – keinen" ein.

1 Es tut mir leid, aber ich habe heute wirklich _____ Zeit.
2 Haben Sie wirklich _____ Termin mehr frei?
3 Nein, diese Woche habe ich _____ Termine mehr frei.
4 Heute Abend kann ich _____ joggen gehen, ich habe zu viel Arbeit.
5 Das Produkt gefällt mir _____ .
6 Leider haben wir im Moment _____ Fotokopierer.
7 Ich verstehe das _____ , ich habe heute noch _____ E-Mails erhalten.
8 Nach 24:00 Uhr fährt _____ Bus mehr ins Stadtzentrum.
9 Unsere Firma hat noch _____ Kunden aus Italien.
10 Das ist _____ Problem, wir sind _____ in Eile.

5 Ergänzen Sie den Dialog mit „nicht – nichts" oder „kein – keine – keinen".

A: Ich möchte einen Fotokopierer der Marke Canon.
B: Tut mir leid, aber wir verkaufen 1) _____ Fotokopierer.
A: Haben Sie Faxgeräte?
B: Nein, leider haben wir 2) _____ einziges Faxgerät mehr.
A: Aber sicher haben Sie noch Taschenrechner?
B: Wir haben noch einen. Aber der funktioniert 3) _____ mehr.
Es tut mir leid, aber ich kann Ihnen heute 4) _____ helfen.
A: Heute ist wohl 5) _____ mein Glückstag, aber trotzdem vielen Dank.
B: 6) _____ zu danken.

2.3 Wortschatz

die Funktion, -en

der Leiter, -

die Leiterin, -nen

der Produktionsleiter, -

der Personalleiter, -

der Exportleiter, -

der Vertriebsleiter, -

der Geschäftsführer, -

die Sekretärin, -nen

der Name, -n

der Nachname, -n

der Vorname, -n

heißen
er heißt, hieß, hat geheißen

die (berufliche) Position

der Beruf, -e

der Vertreter, -

der Betrieb, -e

der Firmensitz

die Adresse, -n

die Privatadresse, -n

die Nummer, -n

die Privatnummer, -n

die Visitenkarte, -n

überreichen

der Nachbar, -n

verstehen
er versteht, verstand, hat verstanden

erklären

2.3 Sprachmuster

Sich vorstellen, Bedauern und Freude ausdrücken
Darf ich vorstellen?
Das ist Frau …/Herr …
Wie ist Ihr Name?
Freut mich sehr!
Sehr angenehm.
Tut mir leid.
Das ist schade.

2.3 Grammatik

Possessivartikel

Der Possesivartikel steht vor dem Nomen und drückt aus, wem etwas gehört.
Mein Mantel hängt im Schrank.
Das ist **unser** Auto.
Wie war **Ihr** Name noch mal?
Martin arbeitet bei Norco. Was ist **seine** Stellung in der Firma?
Die Exportleiterin ist auf Geschäftsreise. Wie ist **ihre** Handynummer?

Die Possessivartikel „mein, dein, sein" haben die gleichen Endungen wie der unbestimmte Artikel.

	Maskulin	Feminin	Neutrum	Plural
ich	mein	meine	mein	meine
du	dein	deine	dein	deine
er	sein	seine	sein	seine
sie	ihr	ihre	ihr	ihre
es	sein	seine	sein	seine
wir	unser	unsere	unser	unsere
ihr	euer	eure	euer	eure
sie	ihr	ihre	ihr	ihre
Sie	Ihr	Ihre	Ihr	Ihre

Possessivpronomen

Steht das besitzanzeigende Wort als Stellvertreter für eine Person, nennt man es **Possessivpronomen**.
Mein Mantel hängt im Schrank. Wo hängt **deiner**?
Das ist unser Auto. Wo steht **Ihrs**?

Maskulin	mein**er**	dein**er**	sein**er**	ihr**er**	unser**er**	eur**er**	ihr**er**	Ihr**er**
Neutrum	mein(e)**s**	dein(e)**s**	sein(e)**s**	ihr**es**	unser**es**	eur**es**	ihr(e)**s**	Ihr(e)**s**
Feminin und Plural	mein**e**	dein**e**	sein**e**	ihr**e**	unser**e**	eur**e**	ihr**e**	Ihr**e**

2.3 Übungen

A Wortschatzarbeit

1 Wie bildet man feminine Berufsbezeichnungen? Geben Sie die weibliche Form für die folgenden Berufe an:

1 der Leiter _____
2 der Sekretär _____
3 der Kaufmann _____
4 der Vertreter _____
5 der Kollege _____
6 der Kunde _____
7 der Angestellte _____
8 der Auszubildende _____
9 der Journalist _____
10 der Lehrer _____

B Grammatik

1 Schreiben Sie Fragen über Herrn Klein und Frau Schulz. Ergänzen Sie die Antworten mit Hilfe der Informationen auf den Visitenkarten.

1 _____ ?
Max Klein ist Produktionsleiter.

2 _____ ?
Die Firma ist in _____ .

3 _____ ?
Arnestraße 24, _____ .

4 _____ ?
(040) 75 81 38.

5 _____ ?
Sie arbeitet bei _____ .

6 _____ ?
Sie ist _____ .

7 _____ ?
(044) 252 09 12.

8 _____ ?
(044) 455 08 80.

Fritz Blum GmbH

Max Klein
Produktionsleiter

Fritz Blum GmbH
Arnestraße 24, 22045 Hamburg
Tel. (040) 25 19 37
Privat (040) 75 81 38

ERNST & Co AG

Erna Schulz
Einkaufsleiterin

Bahnhofplatz 15, 8001 Zürich
Tel. (044) 252 09 00   Durchwahl (044) 252 09 12
Telefax (044) 252 09 09

Privat: Holbeinstraße 24, 8008 Zürich
Telefon (044) 455 08 80

Auf Geschäftsbesuch

2 Setzen Sie ein: mein – meine – meinen – Ihr – Ihre – Ihren

1 *A:* Entschuldigen Sie, wie ist a) _____ Name noch mal?

   B: b) _____ Name ist Koch. Hier ist c) _____ Karte.

2 *A:* Darf ich d) _____ Mantel nehmen?

   B: Danke. Und wo kann ich e) _____ Koffer abstellen?

   A: f) _____ Koffer können Sie dort in die Ecke stellen.

3 *A:* Kennen Sie g) _____ Kollegin, Frau Krämer?

   B: Nein, wir kennen uns nicht. Guten Tag!

4 *A:* Ich schicke Ihnen den Prospekt morgen. Wie ist h) _____ Adresse bitte?

   B: i) _____ Adresse ist Humboldtstraße 110.

5 *A:* Ist das j) _____ Auto?

   B: Nein, k) _____ Auto steht dort drüben.

**3 Setzen Sie ein: sein – seine – seinen – ihr – ihre – ihren – Ihr – Ihre – Ihren – euer – eure – euren
Einige Wörter kann man nicht einsetzen.**

1 Ist das _____ Koffer, Frau Kramer?

2 Habt ihr _____ Prospekte gefunden?

3 Frau Braun hat _____ Visitenkarten verloren.

4 Das ist Peters Büro. _____ Büro gefällt mir.

5 Frau Strauss und _____ Chef sind im Büro.

6 Jan hat _____ Kaffee in der Küche vergessen.

7 Die Besucher finden _____ Mäntel nicht mehr.

8 Verena und Anna, wann habt ihr _____ Termin mit Frau Berg?

4 Ergänzen Sie das passende Possessivpronomen. Die Angaben in Klammern helfen Ihnen.

1 *A:* Ist das Peters Computer?

   B: Nein, das ist _____ (mein Computer). _____ ist dort hinten.

2 *A:* Mein Handy ist kaputt. Kann ich _____ (dein Handy) benutzen?

   B: Tut mir leid, ich habe _____ (mein Handy) zu Hause vergessen.

3 *A:* Wo sind die Bestellungen von Herrn Braun und die Bestellungen von Frau Schmitt?

   B: Hier, bitte. Das sind _____ (Bestellungen von Frau Schmitt) und das sind

   _____ (Bestellungen von Herrn Braun).

4 *A:* Ist der Kaffee für mich oder ist das _____ (Sie)?

   B: Also, der Kaffee in der blauen Tasse das ist _____ (für mich) und der Kaffee mit viel

   Milch und Zucker ist _____ (für Sie).

5 *A:* Hier bringe ich euch die neuen Visitenkarten. Hans, das sind _____ (für dich).

   Antje und Markus, das sind _____ (für euch).

   B: Und wo sind _____ (für mich)? Haben Sie die Visitenkarten für mich auch?

   A: Oh, Frau Berger, tut mir leid, _____ (für Sie) sind noch nicht fertig.

2.4 Wortschatz

das Programm

der Programmpunkt, -e

die Betriebsbesichtigung, -en

<u>teil</u>**nehmen** (an einer Sitzung …)
er nimmt teil, nahm teil, hat teilgenommen

der Teilnehmer, -

die Teilnehmerin, -

<u>statt</u>**finden**
es findet statt, fand statt, hat stattgefunden

das Seminar, -e

essen
er isst, aß, hat gegessen

das Essen, -

das Mittagessen, -

das Abendessen, -

die Sitzung, -en

<u>an</u>**fangen**
er fängt an, fing an, hat angefangen

<u>auf</u>**hören**

die Produktpräsentation

der Videofilm, -e

die Anmeldung, -en

der Beitrag, ¨-e

der Referent, -en

das Thema (Pl. **die Themen**)

dauern

die Pause, -n

die Kaffeepause

die Mittagspause

2.4 Sprachmuster

Ein Tagesprogramm erklären
Wie ist das Programm organisiert?
Wo findet das Seminar statt?
Wann fängt das Seminar an?
Wann hört es auf?
Was ist das Thema des Seminars?
Worüber spricht der Referent?
Der Referent spricht zum Thema ….
Das ist ein Beitrag über … von ….

2.4 Grammatik

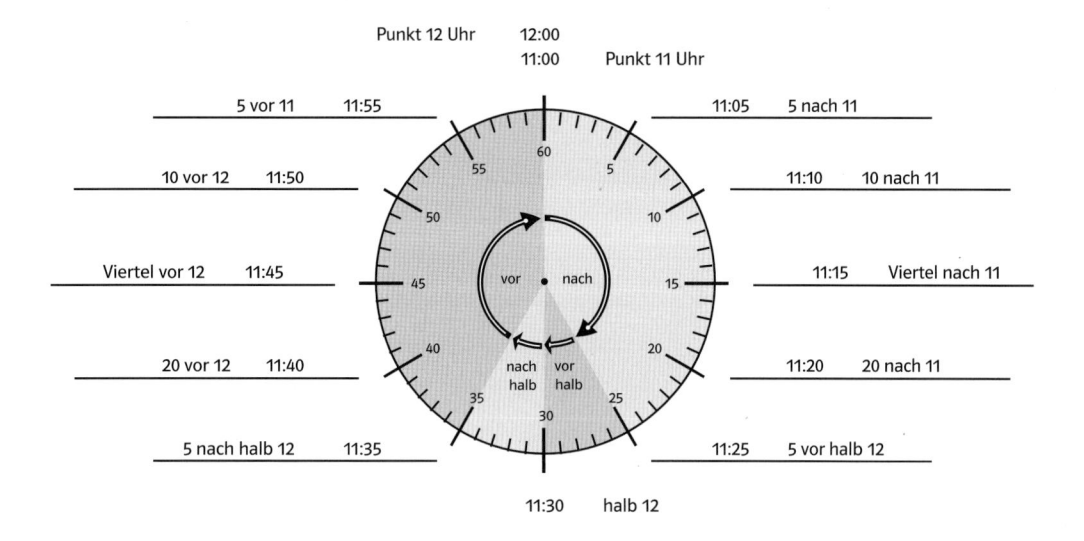

```
           Punkt 12 Uhr    12:00
                           11:00   Punkt 11 Uhr
   5 vor 11      11:55                            11:05    5 nach 11
   10 vor 12     11:50                            11:10    10 nach 11
   Viertel vor 12  11:45                          11:15    Viertel nach 11
   20 vor 12     11:40                            11:20    20 nach 11
   5 nach halb 12  11:35                          11:25    5 vor halb 12
                           11:30   halb 12
```

Die Uhrzeit

Wie spät ist es?	Es ist **Viertel nach zwei.**
Wie viel Uhr ist es?	Es ist **Punkt zwei.**
Wann beginnt der Film?	**Um acht Uhr** (abends). / **Um zwanzig Uhr.**
Wann kommst du?	**Gegen zehn.**
Wann kommt der Zug an?	**Um 13:45 Uhr.**

In der Alltagssprache wird die 12-Stunden-Zeitrechnung verwendet. Die 24-Stunden-Zeitrechnung wird normalerweise im öffentlichen Leben, für Fahrpläne, Programme oder geschäftliche Termine gebraucht.

Die Stellung des Subjekts (Nomen im Nominativ) und des Prädikats (Verbs) im Hauptsatz

Sie	**sehen**	zuerst einen Videofilm.	
Um 12:30 Uhr	**essen**	*wir* zu Mittag.	
Leider	**hatte**	*mein Flug* Verspätung.	
Die Betriebsbesichtigung	**findet**	um 11:00 Uhr	**statt.**
Hier	**darf**	*man* nicht	**rauchen.**
Ich	**habe**	das Büro ohne Problem	**gefunden.**

*In der Regel steht das Subjekt an erster Stelle im Hauptsatz. Aber auch ein Objekt, eine Zeitangabe, eine Ortsangabe oder ein Adverb können an erster Stelle stehen. Steht das Subjekt nicht am Satzanfang, folgt es als drittes Element im Satz. **Achtung:** Es gibt einige Ausdrücke, die nicht als erstes Satzglied zählen, z. B. Ach, So, Also, Ja/Nein. Diese Elemente werden mit einem Komma abgetrennt, z. B.:*
So, Herr Becker, ich zeige Ihnen unsere Firma.

2.4 Übungen

A Wortschatzarbeit

1 Wie spät ist es?

24-Std.-Zeitrechnung	12-Std.- Zeitrechnung
a 06:00 sechs Uhr	sechs Uhr.
b 08:10 _____ Uhr _____	zehn _____ acht _____
c 09:15 _____	_____
d 10:25 _____	_____
e 11:30 _____	_____
f 12:35 _____	_____
g 13:45 _____	_____
h 16:50 _____	_____
i 12:00 _____	_____

2 Schreiben Sie die Uhrzeiten in Zahlen auf.

a halb zehn _____   d Viertel vor elf (vormittags) _____

b fünf vor halb neun _____   e fünf nach halb zwölf (abends) _____

c zehn nach eins _____   f Punkt elf _____

B Grammatik

1 Zwei Seminarteilnehmer unterhalten sich in der Kaffeepause. Setzen Sie die Fragewörter ein: Wann? – Wie? – Wo? – Woher? – Worüber? – Welcher? – Wer?

A: Guten Tag, mein Name ist Wiener!

B: Freut mich! Stern. 1) _____ kommen Sie?

A: Aus München. Und Sie?

B: Aus Berlin. Ich bin Verkaufsleiter bei der Firma Sutter AG. Und Sie, von 2) _____ Firma sind Sie?

A: Ich bin Assistentin des Direktors bei Landmann & Söhne in München. 3) _____ finden Sie das Programm bis jetzt?

B: Interessant, aber anstrengend! Sind Sie Referentin?

A: Ja, leider!

B: 4) _____ sprechen Sie?

A: Über Qualitätssicherung. Wissen Sie, 5) _____ die Gruppendiskussion leitet?

B: Ich glaube, Dr. Walter, aber ich bin nicht sicher. 6) _____ ist eigentlich das Mittagessen?

A: Um 12:30 Uhr, so viel ich weiß!

B: Und 7) _____?

A: In einem kleinen Lokal hier ganz in der Nähe.

2 Stellen Sie Fragen nach der fettgedruckten Zeitangabe mit Wann? – Wie lange? – Wie oft?

1 _____?

Morgen möchte Steffi ins Kino gehen.

2 _____?

Bernd hat **zwei Monate** in Berlin gearbeitet.

3 _____?

Die Züge fahren **alle 20 Minuten**.

4 _____?

Thomas trainiert **jeden Tag**.

5 _____?

Sylvia hat **eine Viertelstunde** auf den Bus gewartet.

6 _____?

In einer Stunde kommen die Gäste.

7 _____?

Er hat **dreimal in der Woche** Deutsch.

8 _____?

Martin will mich **bald** besuchen.

9 _____?

Um 11 Uhr ist die Kaffeepause.

10 _____?

Der Videofilm dauert **eine halbe Stunde**.

3 Schreiben Sie die Sätze neu. Beginnen Sie mit den fettgedruckten Wörtern.

1 Mein Auto steht **draußen**.

_____

2 Sie kennen **den Exportleiter** ja schon.

_____

3 Sie sehen **zuerst** eine Produktpräsentation.

_____

4 Rauchen ist **leider** nicht erlaubt.

_____

5 Ich habe **das** nicht verstanden.

_____

6 Wir essen **um 12:30 Uhr** zu Mittag.

_____

2.5 Wortschatz

der Vertrieb

der Einkauf

einkaufen

der Empfang

das Sekretariat

das Konferenzzimmer

der Wareneingang

die Küche, -n

der Versand

die Ausbildung, -en

ausbilden

der/die Auszubildende, -n

links

rechts

hier

dort

gegenüber

da drüben

nebenan

die Ware, -n

verpacken (Waren …)

ausliefern (Waren …)

die Reparatur, -en

ausführen (Reparaturen …)

einstellen (neue Mitarbeiter …)

koordinieren

machen

planen

testen

lagern

schreiben
er schreibt, schrieb, hat geschrieben

zeichnen

zurückgehen*
er geht zurück, ging zurück, ist zurückgegangen

2.5 Sprachmuster

Eine Firma besichtigen
Hier/Daneben/Gegenüber ist der/die/das …
Da drüben sehen Sie den/die/das …
Das ist Herr/Frau …
Er/Sie ist … (Funktion).
Er/Sie ist zuständig/verantwortlich für …
Das wäre dann alles.
Gehen wir zurück in den/die/das …

Zum Lesen

**Lesen Sie die folgenden Aussagen zum Text S. 30 im Kursbuch.
Sind sie richtig (R) oder falsch (F)? Korrigieren Sie die falschen Aussagen.**

		(R)	(F)
1	Einen Besuch in einer Firma braucht man nicht anzumelden.	☐	☐
2	Bin ich von einem Geschäftspartner zum Essen eingeladen, bezahle ich mein Essen selber.	☐	☐
3	Empfängt man einen Kunden, nimmt man ihm den Mantel ab und bittet ihn ins Büro.	☐	☐
4	Beim Geschäftsessen spricht man nicht mehr über Geschäftliches.	☐	☐
5	Bei einer Besprechung kommt man schnell zum Thema.	☐	☐
6	Bei einem ersten Kontakt ist der erste Eindruck der wichtigste und kann für den weiteren Verlauf der Geschäftsbeziehungen sehr wichtig sein.	☐	☐
7	Beim Kommen und Gehen geben sich die Geschäftspartner gewöhnlich die Hand.	☐	☐
8	Man darf einer Besucherin oder einem Besucher Bier oder Wein anbieten.	☐	☐
9	Gewöhnlich lädt man keine Geschäftspartner zu sich nach Hause ein.	☐	☐
10	Der Geschäftsgast wählt ein Gericht der mittleren Preisklasse oder das Tagesmenü.	☐	☐

Kapitel 3
Sich kennen lernen

3.1 Wortschatz

einladen
er lädt ein, lud ein, hat eingeladen

die Einladung, -en

das Geschäftsleben,-

der Geschäftsfreund, -e

wichtig

passend (ein -es Restaurant)

die Anzeige, -n

das Café, -s

wählen

nehmen

die Auswahl

die Atmosphäre (nur Sg.)

die Unterhaltung (nur Sg.)

der Service

die Spezialität, -en

die Speisekarte, -n

geschlossen

aufbleiben°
er bleibt auf, blieb auf, ist aufgeblieben

sich entscheiden
er entscheidet, entschied, hat entschieden

empfehlen
er empfiehlt, empfahl, hat empfohlen

beschäftigt

ausgezeichnet

angenehm

erstklassig

schmecken

reservieren

chinesisch

asiatisch

italienisch

das Menü, -s

die Öffnungszeit, -en

gepflegt

die Räumlichkeit, -n

die Terrasse, -n
der Parkplatz, ¨-e
der Nichtraucher, -
geeignet sein
gemütlich
der Blick, -e
irgendwann
beschäftigt
das Wild
der Fisch, -e
das Fleisch
lieber
<u>ab</u>holen
draußen
sich freuen auf / über + Akk.

3.1 Sprachmuster

Eine Einladung zum Essen
Darf ich Sie zum Abendessen einladen?
Das ist sehr freundlich von Ihnen.
Das wäre schön/nett.
Da habe ich nichts/leider etwas anderes vor.
Da habe ich leider keine Zeit.
Mir schmeckt die chinesische Küche nicht.
Ich esse nicht gern italienisch.
Das ist mir zu + Adj.
Eigentlich esse ich lieber ….
Ein Restaurant mit Blick auf den See
Das Restaurant hat eine hervorragende Küche/einen guten Ruf.
Das Restaurant „Carpe Diem" ist eine gute Adresse.
Eine angenehme/ruhige/Atmosphäre.
Danke für die Einladung.
Darf ich mich gelegentlich revanchieren?

3.1 Grammatik

Der Konjunktiv II

Hätten Sie am Mittwoch Zeit? Das **wäre** schön.
Ich **würde** mich freuen, wenn das klappt.

Die Verben „haben", „sein" und „werden" im Konjunktiv.

	haben		sein		werden
ich	hätte	ich	wäre	ich	würde
du	hättest	du	wärst	du	würdest
er, sie, es	hätte	er, sie, es	wäre	er, sie, es	würde
wir	hätten	wir	wäre	wir	würden
ihr	hättet	ihr	wärt	ihr	würdet
sie, Sie	hätten	sie, Sie	wären	sie, Sie	würden

Modalverben

Diese Formen des Konjunktiv II haben Sie bereits in den beiden ersten Kapiteln kennen gelernt.

	können		dürfen		müssen
ich	könnte	ich	dürfte	ich	müsste
du	könntest	du	dürftest	du	müsstest
er, sie, es	könnte	er, sie, es	dürfte	er, sie, es	müsste
wir	könnten	wir	dürften	wir	müssten
ihr	könntet	ihr	dürftet	ihr	müsstet
sie, Sie	könnten	sie, Sie	dürften	sie, Sie	müssten

	sollen		wollen		mögen
ich	sollte	ich	wollte	ich	möchte
du	solltest	du	wolltest	du	möchtest
er, sie, es	sollte	er, sie, es	wollte	er, sie, es	möchte
wir	sollten	wir	wollten	wir	möchten
ihr	solltet	ihr	wolltet	ihr	möchtet
sie, Sie	sollten	sie, Sie	wollten	sie, Sie	möchten

Könnte ich nach Deutschland faxen?
Dürfte ich etwas Wasser haben?
Müssten wir sofort bestellen?

Sollte ich sofort anrufen?
Ich **wollte**, dass du hier wärst.
Möchten Sie etwas trinken?

Vollverben

Würde Ihnen Freitagabend **passen**? **Würden** Sie mir die Zeitung geben?

Man bildet den Konjunktiv II der Vollverben mit „würde..." + Infinitiv des Verbs am Satzende.
*Der Konjunktiv II wird oft verwendet, um **Fragen**, **Wünsche**, **Bitten** und **Angebote** höflicher auszudrücken.*

Die Stellung von temporalen, lokalen und modalen Angaben

Temporale Angaben (Zeit) = **Wann?** Nächste Woche, heute, um halb sieben, …

Lokale Angaben (Ort) = **Wo? / Wohin? / Woher?** Im Büro, nach München, vom Hotel, …

Modale Angaben (Art und Weise) = **Wie?** Zu Fuß, mit dem Auto, schnell, …

Ihre Stellung im Satz ist ziemlich flexibel und hängt oft davon ab, was der Sprecher/die Sprecherin betonen möchte. Diese Angaben können an erster Stelle oder nach dem Verb im Hauptsatz stehen. Treffen aber mehrere Angaben aufeinander, stehen sie oft in dieser Reihenfolge: TLM

	Temporale Angaben	Lokale Angaben	Modale Angaben	
Es hat mir	letztes Jahr	in Spanien	gut	gefallen.
Ich wollte	heute	zu Hause	ungestört	arbeiten.
Ich spiele	sonntags	im Park	gern	Fußball.

Stehen temporale, lokale oder modale Angaben an erster Stelle im Satz, so werden Subjekt und Verb vertauscht.

	Carla wollte	heute	zu Hause	ungestört	arbeiten.
Heute	wollte Carla		zu Hause	ungestört	arbeiten.
Zu Hause	wollte Carla	heute		ungestört	arbeiten.
Ungestört	wollte Carla	heute	zu Hause.		arbeiten.

Wenn die lokalen Angaben von Bewegungsverben oder Positionsverben abhängen, stehen sie am Satzende: TML

	Temporale Angaben	Modale Angaben	Lokale Angaben	
Ich hole Sie	um 18:30 Uhr	mit dem Auto	vom Hotel	ab.
Ich fahre	morgen früh	mit dem Zug	nach München.	
Er sitzt	abends	müde	vor dem Computer.	

3.1 Übungen

A Wortschatz

1 Setzen Sie das richtige Wort aus dem Kasten in der passenden Form ein.

> empfehlen   nehmen   geschlossen   sich entscheiden
> beschäftigt   ausgezeichnet   angenehm   schmecken

1 Herr Salzmann will Herrn Weber am Freitagabend zum Essen einladen. Aber Herr Weber kann nicht kommen. Er ist _____. Doch am Donnerstag passt es ihm.

2 Am Donnerstagabend ist aber das Restaurant „Seeblick" _____.

3 Also _____ Herr Salzmann für das „Carpe diem". Dort ist die Küche _____ und die Atmosphäre ist sehr _____.

4 Auf der Speisekarte sind italienische Spezialitäten. Die Auswahl ist sehr groß. Herr Weber weiß nicht genau, was er _____ soll.

5 Der Kellner _____ die Fischspezialität oder das hausgemachte Nudelgericht.

6 Herr Salzmann und Herr Weber nehmen einen Salat und die hausgemachten Nudeln. Es _____ ihnen sehr gut.

B Grammatik

1 Setzen Sie die Konjunktivform ein: wäre(n) – hätte(n) – würde(n) (2x) – könnte(n) – möchte(n)

A: Herr Berger, 1) _____ Sie nächste Woche irgendwann Zeit? Meine Frau und ich
2) _____ Sie zum Essen einladen.

B: Gern, Herr Anger, das ist sehr freundlich von Ihnen.

A: 3) _____ Ihnen Donnerstag oder Freitag passen?

B: Freitag 4) _____ mir eigentlich lieber.

A: Gut, sagen wir Freitag, 5) _____ Sie vielleicht die Urlaubsfotos mitbringen?
Meine Frau 6) _____ sie gerne sehen.

2 Ergänzen Sie die passende Form des Konjunktivs II.

1 Ich a) _____ gern einen Kaffee. Elsa, b) _____ du mir einen bringen?

2 Wo ist Peter? c) _____ er auch einen Kaffee?

3 Susi d) _____ gern ein Praktikum in Deutschland machen, denn sie
e) _____ gleichzeitig Deutsch lernen.

4 Sie f) _____ gern einen Termin mit Frau Zimmermann.
Wann g) _____ sie Sie besuchen?

5 h) _____ es euch Dienstagnachmittag passen?
Oder i) _____ auch Mittwochvormittag möglich?

6 Er j) _____ nach Hamburg fahren. k) _____ ihr auch mitfahren?

7 l) _____ Sie das Herrn Moser ausrichten?

3 Bringen Sie die folgenden Satzteile in die richtige Reihenfolge. Beachten Sie die Satzzeichen.

1 vom Flughafen / Herrn Klein / können / mit dem Auto / abholen / morgen / Sie / ?

2 diese Woche / in der Garage / ist / mein Auto / mit dem Bus / ich / morgen / zur Arbeit / fahre / , / deshalb / .

3 zum Büro / fahren / er / musste / mit dem Taxi / gestern / .

4 im Restaurant / die Atmosphäre / mir / hat / vorgestern / gefallen / gut / .

4 Bringen Sie auch die folgenden Satzteile in die richtige Reihenfolge (Wiederholung). Beginnen Sie die Aussagesätze mit den unterstrichenen Wörtern und konjugieren Sie die Verben. Beachten Sie die Satzzeichen.

1 man / hier / können / auch / fotokopieren / ?

2 unsere Vertreter / werden / morgen früh / treffen / im Café La Luna / Herrn Sulzer / .

3 hier / nicht / man / leider / rauchen / dürfen / .

4 einen Videofilm / zuerst / sich ansehen / die Teilnehmer / .

5 sein / der Buchhalter / im Büro / wieder / morgen / ?

6 zu einem Seminar / im Mai / fahren / für 2 Tage / Emil / .

7 nächsten Sonntag / wir / fliegen / nach Budapest / mit der Lufthansa / .

8 nächsten Sonntag / wir / fliegen / nach Budapest / mit der Lufthansa / .

9 heute Abend / fernsehen / wollen / ich / ruhig / in meinem Zimmer / .

10 heute Abend / fernsehen / wollen / ich / ruhig / in meinem Zimmer / .

3.2 Wortschatz

die Speisekarte, -n
die Vorspeise, -n
das Hauptgericht, -e
das Dessert, -s
der Nachtisch (nur Sg.)
die Nachspeise, -n
die Suppe, -n
das Gemüse (Sg.)
die Bohne, -n
die Tomate, -n
der Pilz, -e
der Salat, -e
die Kartoffel, -n
der Reis
die Nudeln (Pl.)
das Obst (Sg.)
der Apfel, ¨-
die Banane, -n
die Birne, -n
die Orange, -n
das Schweinefleisch
das Rindfleisch
das Kalbfleisch
das Hähnchen, -
der Schinken, -
das Schnitzel, -
der Speck

braten
er brät, briet, hat gebraten

der Braten, -
die Sahne
das Ei, -er
die Butter
das Brot, -e
das Brötchen, -
das Eis
der Käse

die Sauce, -n (auch: **die Soße, -n**)

der Pfeffer

das Salz

der Senf

das Getränk, -e

der Saft, ¨-e

der Wein, -e

offen (der -e Wein)

die Flasche, -n

der Flaschenwein, -e

der Weißwein, -e

der Rotwein, -e

der Alkohol

alkoholfrei

das Glas, ¨-er

scharf

fett

mager

mild

schwer

leicht

gemischt

hausgemacht

zäh

vegetarisch

warm

kalt

probieren

versuchen

einmal

zweimal

köstlich

satt

zusammen

getrennt

der Kellner, -

die Kellnerin, -nen

der Ober, -

die Bedienung, -en

die Rechnung, -en

der Betrag, ¨-e

die Mehrwertsteuer (MwSt.)

das Trinkgeld, -er

enthalten
es enthält, enthielt, hat enthalten

inbegriffen

zahlen

3.2 Sprachmuster

Im Restaurant
Was nehmen Sie als Vorspeise/Hauptgericht/Nachspeise?
Das schmeckt sehr gut/lecker.
Pilze mag ich nicht/esse ich nicht gern.
Das ist mir zu scharf.
Da nehme ich lieber etwas anderes.
Zu trinken/Zum Trinken nehmen wir ….
Ich bin satt.
Zahlen Sie zusammen oder getrennt?
Alles zusammen macht ….
Die Rechnung stimmt nicht.
Das Essen schmeckt ausgezeichnet.
Das Essen war hervorragend.
Ich kann Ihnen diesen Wein nur empfehlen.
Das ist eine Spezialität der Gegend / des Hauses.
Das probiere ich mal.

3.2 Grammatik

Der Dativ

Das **indirekte Objekt** eines Verbs steht im Dativ:
Wem holst du einen Prospekt? **Dem Besucher.**

	indirektes Objekt	direktes Objekt
Können Sie	mir/uns	eine Vorspeise empfehlen?
Ich empfehle	Ihnen	den Rinderbraten.
Frau Brett bietet	dem Besucher	eine Erfrischung an.
Sie holt	der Kundin	den neuen Prospekt.
Der Kellner bringt	den Gästen	die Speisekarte.

Beachten Sie, dass hinter einigen Verben ein indirektes Objekt (d.h. ein Objekt im Dativ) folgt und nicht etwa ein direktes Objekt (Akkusativobjekt):
danken, folgen, glauben, gratulieren, helfen, zuhören, …

Er dankt **ihr** für den interessanten Rundgang.
Wir gratulieren **dem Kandidaten.**
Können Sie **mir** helfen?
Du hörst **einer Kundin/einem Kunden** zu.

Die Endungen der Artikel im Dativ:

Maskulin	Feminin	Neutrum	Plural
-em	-er	-em	-en (Nomen +n)

Die Stellung von Objekten

Frau Brett gibt dem Besucher (Dativ) den neuen Katalog (Akkusativ).
Sie gibt ihm (Dativ) den neuen Katalog (Akkusativ).
Sie gibt ihn (Akkusativ) dem Besucher (Dativ).
Sie gibt ihn (Akkusativ) ihm (Dativ).
Sie gibt ihm (Dativ) einen (Akkusativ).

Regel:
Bei 2 Nomen. Dat. vor Akk.
Pronomen vor Nomen
Pronomen vor Nomen
Bei 2 Pronomen Akk. vor Dat.
Pronomen vor Indefinitivpronomen

Personalpronomen

	Nominativ	Akkusativ	Dativ
Singular	ich	mich	mir
	du	dich	dir
	er	ihn	ihm
	sie	sie	ihr
	es	es	ihm
	Sie	Sie	Ihnen (Höflichkeitsform)
Plural	wir	uns	uns
	ihr	euch	euch
	sie	sie	ihnen
	Sie	Sie	Ihnen (Höflichkeitsform)

3.2 Übungen

A Wortschatzarbeit

1 Ordnen Sie die Wörter zu sinnvollen Sätzen oder Fragen. Ergänzen Sie dann den Dialog.

> hätten / den Merlot / gerne / wir / .
> ich / nicht / esse / scharfe Sachen / gern / .
> die Rechnung / Sie / mir/ bitte / bringen / !
> lieber / nehme / den Rinderbraten / ich / .
> Ihnen / es / geschmeckt / hat / ?
> Sie / mir / können / empfehlen / etwas / ?
> die Weinkarte / ich / kann / bitte / haben / ?
> getrennt / Sie / zusammen / zahlen / oder / ?

Gastgeber: Was nehmen Sie als Hauptgericht?

Gast: 1) _____ ?

Gastgeber: Das Steak mit Pfeffersauce ist die Spezialität des Hauses.

Gast: 2) _____

3) _____

Kellner: Möchten Sie bestellen?

Gastgeber: Ja, zweimal Rinderbraten.

Kellner: Und was darf ich Ihnen zu trinken bringen?

Gastgeber: 4) _____ ?

Kellner: Oh! Verzeihung, hier bitte.

Gastgeber: 5) _____

Kellner: 6) _____ ?

Gast: Ja danke, es war ausgezeichnet.

Gastgeber: 7) _____ !

Kellner: 8) _____ ?

Gastgeber: Zusammen.

B Grammatik

1 Ergänzen Sie die Endungen.

1 Susanne bestellt d_____ Kind/d_____ Mädchen/d_____ Tochter ein Eis.

2 Bringen Sie d_____ Chef/d_____ Gästen/d_____ Kunden die neuen Kataloge.

3 Wir gratulieren d_____ Vater/d_____ Mutter/d_____ Kind/d_____ Freundin zum Geburtstag.

4 Ihr dankt d_____ Kellner/d_____ Kellnerin.

5 Die Sekretärin hilft ein_____ Kunden/ein_____ Kundin/d_____ Geschäftspartnern.

6 Ihr hört d_____ Ober/d_____ Lehrerin/d_____ Professor/ein_____ Kundin zu.

7 Carla dankt d_____ Freundinnen/d_____ Kolleginnen/d_____ Gästen für den Besuch.

8 Ich empfehle ein_____ Besucher/ein_____ Gast/ein_____ Touristin, die Kathedrale zu besichtigen.

2 Kreuzen Sie die richtige Lösung an.

1 Bratkartoffeln mag ich nicht. Die sind _____ zu fett.
   a ich   b mir   c dich   d ihm

2 Gehört der Hund dort dem Personalleiter? Ja, ich glaube er gehört _____.
   a uns   b ihn   c ihr   d ihm

3 Danke für die Postkarte, _____ hat uns Freude bereitet.
   a sie   b Es   c Er   d Ihr

4 Ist das deine neue Freundin? – Ja, ich habe _____ im Urlaub kennen gelernt.
   a sie   b es   c ihr   d Sie

5 Hallo Ursula, wie geht es dir? – Oh, _____ geht es gut!
   a mich   b mir   c ich   d uns

6 Herr Ober, ich möchte die Rechnung. – Moment, ich bringe _____ / _____.
   a Sie/Ihnen   b sie/ihnen   c es/ihnen   d sie/Ihnen

7 Ich bringe den Kindern Schokolade. Kannst du _____ / _____ morgen geben?
   a Sie/Ihnen   b sie/ihnen   c es/ihnen   d sie/sie

8 Veronika schenkt Peter ein Buch. Sie bringt _____ / _____.
   a es/ihm   b ihn/es   c das Buch/ihm   d ihn/das Buch

9 Die Gäste haben bei der Kellnerin 2 Tagesmenüs bestellt. Sie bringt _____ / _____.
   a ihnen/sie   b Ihnen/sie   c sie/ihnen   d Sie/ihnen

10 Lukas, kannst du mir das Geld zurückgeben, das ich dir geliehen habe? –
   Ja, ich bringe _____ / _____ morgen.
   a dir/es   b ihn/dir   c es/dir   d dir/ihm.

3 Ergänzen Sie folgende Sätze mit Personalpronomen.

1 Frau Vögele, was kann ich _____ empfehlen?
2 Karin, Anna, ich habe _____ einen Orangensaft bestellt.
3 Stefans Eltern sind in den Ferien. Sie schreiben _____ eine Ansichtskarte.
4 Susanne hat nette Kollegen. Sie kauft _____ oft Schokolade.
5 Erichs Freundin hat Geburtstag. Er kauft _____ eine Uhr.
6 Ich besuche meinen Großvater. Ich bringe _____ die Zeitung mit.
7 Herr Ober, ich möchte ein Dessert. Was können Sie _____ empfehlen?
8 Ursula, was wünscht du _____ zum Geburtstag?

3.3 Wortschatz

wohnen
die Wohnung, -en
die Mietwohnung
das Haus, ¨-er
das Einfamilienhaus, ¨-er
das Reihenhaus, ¨-er
die Großstadt, ¨-e
die Kleinstadt, ¨-e
mittelgroß
die Industriestadt
die Altstadt
außerhalb + Gen.
innerhalb + Gen.
das Dorf, ¨-er
das Zentrum, die Zentren
das Handelszentrum
das Finanzzentrum
das Stadtzentrum
bekannt
berühmt
in der Nähe + Gen. / von + Dat.
die Verkehrsverbindungen (Pl.)
das Straßennetz
der Wolkenkratzer, -
der Stadtteil, -e
das Stadtviertel, -
das Gebäude, -
die Grünfläche, -n
die Sehenswürdigkeit, -en
der Tierpark/der Zoo, -s
das Freizeitangebot, -e
der Verkehr
ziemlich
der Bus, -se
die U-Bahn, -en

die S-Bahn, -en
das Fahrrad, ¨-er
der Zug, ¨-e
das Auto, -s
die Umweltverschmutzung
der Quadratmeter, -
die Wohnfläche, -n
die Ausstattung
das Zimmer, -
das Schlafzimmer, -
das Wohnzimmer, -
das Gästezimmer, -
das Arbeitszimmer, -
der Hobbyraum, ¨-e
der Keller, -
der Garten, ¨-
der Wintergarten, ¨-
der Balkon, -s (oder: die Balkone)
der Aufzug, ¨-e
ruhig
die Tochter, ¨-
der Sohn, ¨-e
die Hausfrau, -en
berufstätig sein
der Bruder, ¨-
die Schwester, -n
die Geschwister (Pl.)
der Schwager ¨-
die Schwägerin, -nen
arbeitslos
ledig
geschieden
verwitwet

3.3 Sprachmuster

Wohnen
Er wohnt außerhalb der Stadt/mitten in der Stadt/am Stadtrand/außerhalb des Dorfes/mitten im Dorf.
Frau Becker wohnt in der Nähe des Stadtzentrums/in der Nähe vom Stadtzentrum/in der Nähe der Apotheke.
Frau Becker wohnt 10 Minuten/10 Gehminuten vom Hauptbahnhof/30 Fahrminuten vom Flughafen.
Das Leben ist hektisch. Es gibt viel Stress.
Das Leben ist ruhig. Es gibt wenig Stress.
Auf dem Land/im Stadtzentrum/in der Innenstadt/am Stadtrand wohnen
Modern wohnen
In unserer Stadt/in Oslo gibt es viele Sehenswürdigkeiten/viele schöne Gebäude/viele Grünflächen/viele Parks/wenig Parkplätze/viele Brücken.
Die Verkehrsverbindungen zu meinem Arbeitsplatz sind gut/hervorragend/schlecht.
Frankfurt ist ein Finanzzentrum/eine Großstadt/ein Handelsplatz.
In ruhiger Lage/in sonniger Lage wohnen
Von meiner Wohnung/meinem Haus habe ich Blick auf die Berge/auf den See/auf die Altstadt/auf die Kathedrale.
Die Wohnung liegt zentral/abseits des großen Verkehrs/verkehrsgünstig.
Die Miete ist hoch/niedrig.
Ich zahle 980,- Euro Miete ohne Nebenkosten/kalt.
Ich zahle 1 200,- Euro Miete inklusive Nebenkosten/warm.
In einem Reihenhaus/in einem Einfamilienhaus/in einem Mehrfamilienhaus/in einer Villa/in einem Studio/auf einem Bauernhof/in einer Wohngemeinschaft (WG)/in einer Eigentumswohnung wohnen

3.3 Übungen

A Wortschatzarbeit

1 Peter Müller beschreibt seine Wohnung. Ergänzen Sie den Dialog mit den folgenden Wörtern:
Wohnzimmer – Verkehrsverbindungen – ausgezeichnet – Mietwohnung – Blick – S-Bahn – zentral – niedrig – Altstadt – parken

A: Wo wohnen Sie, Herr Müller?

B: In Altersbach. Es ist eine sehr gute Wohngegend und liegt ganz 1) _____ .

A: Und was für eine Wohnung haben Sie?

B: Ich habe eine große 2) _____ in einem renovierten Altbau. Von meinem 3) _____ habe ich einen herrlichen 4) _____ auf die 5) _____ .

A: Wie groß ist die Wohnung?

B: Ungefähr 150 Quadratmeter.

A: Ist die Miete hoch?

B: 6) _____ ist sie nicht, aber die Wohnung ist sehr schön.

A: Es gibt sicherlich sehr gute Einkaufsmöglichkeiten, oder?

B: Ja, die Einkaufsmöglichkeiten sind 7) _____ .

A: Gibt es irgendwelche Nachteile für Sie?

B: 8) _____ ist ein bisschen schwierig, aber ich habe Gott sei Dank ein kleines Auto. Meistens nehme ich die 9) _____ . Hier sind die 10) _____ gut.

B Grammatik

1 Welche Vor- und Nachteile hat diese Wohnung?
Vervollständigen Sie die Sätze mit Hilfe der Notizen. Ergänzen Sie, wo nötig, ein passendes Verb.

2-Zimmer-Wohnung (3. Stock)	modern ausgestattet
60 m² Wohnfläche	Pkw-Stellplatz
ruhige Lage	keine Garage
niedrige Miete	kein Kabelanschluss
kein Aufzug	Mietvertrag nur für ein Jahr
schlechte Verkehrsverbindungen	schöne Aussicht

1 Die Wohnung hat zwei Zimmer, aber die _____ ist relativ klein.

2 Sie hat einen _____ für das Auto, aber keine _____ .

3 Die Aussicht vom 3. Stock ist _____ , aber es gibt _____ .

4 Die Miete _____ , aber der _____ .

5 Die Lage ist _____ , aber die _____ .

6 Die Küche ist _____ , aber die Wohnung hat _____ .

3.4 Wortschatz

die Freizeit

sich unterhalten mit + Dat.
er unterhält sich, unterhielt sich, hat sich unterhalten

die Aktivität, -en

die Beschäftigung, -en

das Verhalten (nur Sg.)

das Interesse, -n

sich interessieren für + Akk.

ausüben

gehören zu + Dat.

fernsehen
er sieht fern, sah fern, hat ferngesehen

die Sendung, -en

die Fernsehsendung, -en

die Nachrichten (Pl.)

der Spielfilm, -e

lesen
er liest, las, hat gelesen

die Zeitung, -en

die Illustrierte, -n

das Buch, ¨-er

Sport treiben
er treibt Sport, trieb Sport, hat Sport getrieben

die Sportart, -en

der Sportverein, -e

das Mitglied, -er

das Jogging

joggen

Rad fahren
er fährt Rad, fuhr Rad, ist Rad gefahren

schwimmen
er schwimmt, schwamm, ist geschwommen

Ski fahren
er fährt Ski, fuhr Ski, ist Ski gefahren

laufen*
er läuft, lief, ist gelaufen

Schneeschuh laufen
er läuft Schneeschuh, lief Schneeschuh, ist Schneeschuh gelaufen

spielen

wandern*

spazieren gehen*
er geht spazieren, ging spazieren, ist spazieren gegangen

die Disco, -s

gehen (ins Kino/Konzert/Café/Museum …)

musizieren

ein Instrument spielen

Radio, Musik hören

telefonieren mit + Dat.

die Ausgabe, -n

<u>aus</u>**geben**
er gibt aus, gab aus, hat ausgegeben

der Haushalt, -e

der Trend, -s

die Zahl, -en

durchschnittlich

die Teilzeitarbeit, (in Teilzeit arbeiten)

der Nebenberuf, -e

steigen
er steigt, stieg, ist gestiegen

die Lebenshaltungskosten (Pl.)

die Steuer , -n

die Kaufkraft (nur Sg.)

stagnieren

sinken
er sinkt, sank, ist gesunken

das Freizeitbudget, -s

senken

erhöhen

fallen
er fällt, fiel, ist gefallen

wachsen*
er wächst, wuchs, ist gewachsen

der Erwachsene, -n

das Kind, -er

(sich) entwickeln

sparen

3.4 Sprachmuster

Freizeitbudget
Können Sie Ihr Freizeitbudget erhöhen?
Er muss sein Freizeitbudget senken.
Die Kaufkraft wird nächstes Jahr sinken.
Die Zahl der Arbeitslosen wird steigen.

3.4 Grammatik

Das Futur

Ich **werde** Sie so bald wie möglich **zurückrufen**.
Man **wird** das Geld vorsichtiger **ausgeben**.

Man bildet das Futur mit einer Präsens-Form von werden und dem Infinitiv des entsprechenden Verbs. Das Futur drückt eine Absicht oder Vorhersage aus.

Ich **rufe** Sie morgen **an**.
Ich **hole** Sie um halb zehn **ab**.

Wenn der Bezug zur Zukunft klar ist (z.B durch eine Zeitangabe), benutzt man eher das Präsens.

3.4 Übungen

A Wortschatzarbeit

1 Setzen Sie das richtige Wort aus dem Kasten ein.

steigt	wächst	Mitglieder	sinkt	durchschnittlich	sich treffen
die Einkommen	im Trend	die Zahl	Freizeitaktivitäten		

1. Auch wenn _____ stagnieren, _____ die Zahl der _____ in den Fitnesszentren.

2. _____ sind Wellnessangebote.

3. Viele Leute treiben Sport, um _____ mit Leuten zu _____ .

4. _____ der Golfspieler ist in Deutschland nicht sehr hoch.

5. In den Sportvereinen _____ die Zahl der Mitglieder, aber das Interesse an Sportarten wie Jogging oder Nordic Walking _____ .

6. _____ treiben 6 % der Bevölkerung über 14 Jahren einmal pro Tag Sport und fast 60 % einmal wöchentlich Sport.

7. Die Auswahl an _____ ist sehr groß.

B **Grammatik**

1 Sagen Sie, was diese Personen machen werden.

1 bei Freunden – ein paar Tage – wohnen: Ich werde _____

2 zwei Nächte – in einer Pension – schlafen: Er _____

3 am Strand – Volleyball spielen: Du _____

4 zu Hause – während der Ferien – bleiben: Vera _____

5 am Dienstag – keine Zeit haben: Wir _____

6 ein billiges Hotel – im Ausland – suchen: Ihr _____

7 den neuen Kollegen – empfangen: Susi und du _____

8 ab Freitag – hier – arbeiten können: Frau Matter, Sie _____

2 Was erwartet oder plant die Firma für die Zukunft? Schreiben Sie die Sätze im Futur.

1 Wir geben jetzt 250 000 Euro für die Forschung aus.
Nächstes Jahr – 280 000 Euro – ausgeben
_____

2 Die Preise von Rohstoffen steigen jedes Jahr.
Im Sommer – um 5 % – steigen
_____

3 Zu viele Angestellte fahren mit dem Auto ins Büro.
In Zukunft – Firmenbus – benutzen
_____

4 Im Moment können wir keine neuen Mitarbeiter einstellen.
Im August – zehn neue – einstellen – können
_____

3.5 Wortschatz

der Urlaub (Sg.)

die Ferien (Pl.)

der Ausflug, ¨-e

verbringen
er verbringt, verbrachte, hat verbracht

sich erholen

das Land, ¨-er

beliebt

das Reiseziel, -e

der Ferienort, -e

nennen
er nennt, nannte, hat genannt

der Reiseprospekt, -e

das Gebiet, -e

die Gegend, -en

die Region, -en

die Aussicht, -en

der Wanderweg, -e

die Piste, -n

regnen

der Regen

schneien

der Schnee

wunderbar

fliegen*
er fliegt, flog, ist geflogen

das Hotel, -s

der Strand, ¨-e

liegen
er liegt, lag, hat gelegen

bummeln

wahrscheinlich

3.5 Übungen

A Wortschatzarbeit

1 Ein Kollege/eine Kollegin war im Urlaub. Stellen Sie die Fragen zu diesen Antworten. Benutzen Sie das Perfekt.

A: 1) _____?

B: Nach Wien.

A: 2) _____?

B: Ich bin geflogen, ich kann nicht Auto fahren.

A: 3) _____?

B: Zwei Wochen.

A: 4) _____?

B: Im Hotel Krone.

A: 5) _____?

B: Ich habe die Sehenswürdigkeiten besichtigt und Freunde besucht.

A: 6) _____?

B: Nein, wir hatten die ganze Zeit Sonne.

B Grammatik

1 Zwei Kollegen unterhalten sich im Büro. Setzen Sie ein: „haben" oder „sein"

A: Guten Morgen, Frau Reiner! Nun, wie war die Geschäftsreise?

B: Ganz gut, aber sehr anstrengend.

A: Wann 1) _____ Sie denn zurückgekommen?

B: Gestern, spät am Abend. Das Flugzeug 2) _____ mit drei Stunden Verspätung gelandet und ich 3) _____ erst um halb zwölf angekommen.

A: Das tut mir leid. 4) _____ Sie die neuen Kunden in Wien und Budapest besucht?

B: Ja, ich 5) _____ zuerst nach Wien geflogen und 6) _____ am Nachmittag mit Herrn Richter gesprochen. Am nächsten Tag 7) _____ ich ein Auto gemietet und 8) _____ nach Budapest gefahren, wo ich drei Termine hatte.

A: Und wie 9) _____ Ihnen Budapest gefallen?

B: Sehr gut, die Ungarn sind sehr gastfreundlich. Am Abend 10) _____ sie mich in ein wunderbares Restaurant eingeladen, mit einem herrlichen Blick auf die Donau.

A: In welcher Sprache 11) _____ Sie sich denn mit den Ungarn unterhalten?

B: In einer Mischung aus Deutsch, Englisch und Französisch. Der ungarische Rotwein

12) _____ uns dabei sehr geholfen.

Kapitel 4
Über die Firma

4.1 Wortschatz

das Produkt, -e

produzieren

herstellen

die Marke, -n

der Bereich, -e

der Sektor, -en

das Unternehmen, -

der Betrieb, -e

bekannt

der Reisebus, -se

der Lastkraftwagen, - (der LKW, -s)

das Arzneimittel, -

das Schmerzmittel, -

das Magenmittel, -

der Husten

die Erkältung

das Gerät, -e

das Haushaltsgerät, -e

die Mikrowelle, -n

der Kühlschrank, ¨-e

das Bügeleisen, -

der Haartrockner, -

vertreiben
er vertreibt, vertrieb, hat vertrieben

unterschiedlich

der Fernsehapparat, -e

die Stereoanlage, -n

der Drucker, -

der CD-Player, -

der Computer, -

der Toilettenartikel, -

die Seife, -n

die Hautcreme, -n

die Zahnpasta

4.1 Sprachmuster

Ein Unternehmen vorstellen
Die Firma produziert Arzneimittel, zum Beispiel Schmerzmittel, …
Die Firma stellt Haushaltsgeräte her.
Das ist ein Unternehmen, das Elektrogeräte herstellt.
Das ist ein Betrieb, der Kraftfahrzeuge produziert.
Unsere Firma ist in der Uhrenbranche/Automobilbranche/Textilbranche/… tätig.

4.1 Grammatik

Relativsätze mit *der/die/das*

Ein Relativsatz wird nach einem Nomen eingeführt und gibt Informationen über das Nomen. Wie in allen Nebensätzen steht das finite Verb auch in Relativsätzen am Ende.

Herr Braun ist **ein Kunde, der** für uns sehr wichtig **ist**.
Das ist **eine Firma, die** Haushaltsgeräte **herstellt**.
Das ist **ein Unternehmen, das** weltweit bekannt **ist**.

*Ein Relativsatz wird meist von den Relativpronomen **der/die/das** oder **welcher/welche/welches** eingeleitet. Das Relativpronomen muss in Genus und Numerus (Singular/Plural) mit dem Nomen übereinstimmen, auf das es sich bezieht. In den obigen Beispielen steht es als Subjekt des Relativsatzes im Nominativ.*

Wie heißt **der Mann, den** ich anrufen soll?
Das ist **eine Firma,** mit **der** wir oft arbeiten.
Das ist **ein Unternehmen, dessen** Produkte weltweit bekannt sind.
Alle **Kunden, die** dieses Produkt gekauft haben, sind damit sehr zufrieden.

Das Relativpronomen kann auch im Akkusativ, Dativ oder Genitiv stehen. Der Kasus hängt von seiner Funktion im Relativsatz ab.
Vor dem Relativpronomen setzt man ein Komma, und der Relativsatz wird mit einem Punkt oder bei eingeschobenen Relativsätzen mit einem Komma abgeschlossen.

Der Mitarbeiter, **mit dem ich gesprochen habe,** arbeitet erst seit einem Monat in unserer Firma.

Ein Relativsatz kann auch mit einer Präposition eingeleitet werden. Die Präposition steht vor dem Relativpronomen und bestimmt den Fall.

Relativpronomen

	Maskulin	Feminin	Neutrum	Plural
Nominativ	der	die	das	die
Akkusativ	den	die	das	die
Dativ	dem	der	dem	denen
Genitiv	dessen	deren	dessen	deren

Relativsätze mit *wo*

*Man kann **wo** als Relativpronomen verwenden. Dies ist aber nur nach Ortsangaben wie Städten, Ländern usw. möglich.*

Berlin, **wo** ich ein Jahr studiert habe, ist eine wunderschöne Stadt.
Wir fahren im Sommer oft nach Frankreich, **wo** wir eine kleine Wohnung besitzen.
Carla hat mir das Haus gezeigt, **wo** ihr Büro ist.
Oder: Carla hat mir das Haus gezeigt, **in dem** ihr Büro ist.

Relativsätze mit *was*

*Nach substantivierten Adjektiven (das **Beste**, das **Schönste**, das **Interessanteste** usw.), **alles**, **nichts**, **etwas**, **vieles** oder dem Demonstrativpronomen **das** leitet man den Relativsatz mit **was** ein.*

Das ist das Beste, **was** du in dieser Situation machen kannst.
Ist das alles, **was** du zu sagen hast?
Es gibt nichts, **was** besser ist.
Das ist etwas, **was** ich nicht verstehe.
Es gibt vieles, **was** ich noch sagen könnte.
Das ist genau das, **was** man nicht machen sollte.

4.1 Übungen

A   Wortschatzarbeit

1 Zu welchen Überbegriffen gehören die folgenden Produkte? Ordnen Sie zu.

Lieferwagen	Drucker	Hautcreme	Magenmittel	Lastkraftwagen
Haartrockner	Bügeleisen	CD-Player	Mikrowelle Vitamine	Motorräder
Kühlschrank	Zahnpasta	Computer	Seife Hustensaft	Parfüm Handy

Überbegriff	Produkte
Toilettenartikel	_____
Arzneimittel	_____
Kraftfahrzeuge	_____
Haushalt(s)geräte	_____
Unterhaltungselektronik	_____
Informationstechnik	_____

2 Finden Sie ähnliche Wörter.

  1 produzieren: _____

  2 die Firma: _____

Über die Firma

B Grammatik

1 Ergänzen Sie die folgenden Sätze mit Relativpronomen.

1 MAN ist eine Firma, _____ Reisebusse herstellt.
2 Herr Braun ist ein Kunde, _____ für uns sehr wichtig ist.
3 Das sind Produkte, _____ wir gut verkaufen.
4 BAYER ist ein Unternehmen, _____ Arzneimittel produziert.
5 Das ist der Kunde, _____ wir gestern angerufen haben.
6 Das ist der Kunde, _____ wir gestern geschrieben haben.
7 Herr Noske, _____ Sohn 18 Jahre alt ist, ist geschieden.
8 Die Frau, _____ Bild auf seinem Tisch steht, ist seine Schwester.
9 Das ist etwas, _____ uns noch nie passiert ist.
10 Wie heißen die Kunden, _____ wir die neuen Prospekte schicken sollen?
11 Deutschland ist ein Land, in _____ viele Autos produziert werden.
12 Unser Direktor fährt morgen nach Deutschland, _____ wir eine Filiale haben.
13 Frau Helmer ist eine Mitarbeiterin, _____ seit 20 Jahren bei uns arbeitet.
14 Freiburg, _____ der Hauptsitz der Firma ist, hat ungefähr 30 000 Einwohner.
15 Der Kopierer Kompakt 555 ist ein Artikel, _____ wir gut verkaufen.
16 Das ist das Büro unseres Buchhalters, von _____ ich Ihnen viel erzählt habe.
17 Die Firmen Bauer und Müller, _____ wir Kartons geliefert haben, haben die Rechnung noch nicht bezahlt.
18 Die Modelle, _____ Sie hier sehen, kommen aus Australien.
19 Das Büro, _____ ich arbeite, ist 110 Quadratmeter groß.
20 Das ist das Interessanteste, _____ wir gesehen haben.

2 Bilden Sie Relativsätze.

1 Wir besuchen Herrn Meyer oft.
Das ist Herr Meyer, _____ .

2 Diese Maschine hat viele technische Neuheiten.
Das ist eine Maschine, _____ .

3 Der Wagen hat ein elegantes Design.
Das ist ein Wagen, _____ .

4 Das System ist für uns ganz neu.
Das ist ein System, _____ .

5 Herr Zurbriggen spricht gern mit seinen Mitarbeitern.
Das sind Mitarbeiter, _____ .

6 Er hat viele Überstunden geleistet und wird dafür gut bezahlt.
Für die vielen Überstunden, _____ , wird er gut bezahlt.

71

3 Bilden Sie Relativsätze.

Beispiel: Das ist ein Fotokopierer. Wir haben ihn bei der Firma Büro-Tic gekauft.
Das ist ein Fotokopierer, den wir bei der Firma Büro-Tic gekauft haben.

1 Meyer Sports Group ist ein Familienunternehmen. Es hat 300 Mitarbeiter.
_____.

2 Wir haben neue Mitarbeiter. Wir vertrauen ihnen.
_____.

3 Ich treffe den Vertreter der Firma Riemer. Ich kenne ihn schon seit Jahren.
_____.

4 Puma ist ein Sportartikelhersteller. Die Produkte sind weltbekannt.
_____.

5 Chantal ist eine Arbeitskollegin. Ich arbeite gern mit ihr zusammen.
_____.

4.2 Wortschatz

die Aktivität, -en

die Branche, -n

erklären

tätig/aktiv sein

ähnlich

die Versicherung, -en

die Bank, -en

der Handel

beschreiben
er beschreibt, beschrieb, hat beschrieben

der Stahl, ¨-e

die Luft

die Bekleidung

die Nahrungsmittel (Pl.)

die Maschinenindustrie

führend

der Verkauf, ¨-e

zählen zu + Dat.

die Gaststätte, -n

die Speditionsfirma, -firmen

der Supermarkt, ¨-e

die Supermarktkette, -n

das Versandhaus, ¨-er

die Fluggesellschaft, -en

vergleichen mit + Dat.
er vergleicht, verglich, hat verglichen

die Dienstleistung, -en

das Werk, -e

entwickeln

die AG (Aktiengesellschaft)

weltweit

die Wurzel, -n

die Produktpalette, -n

der Maßstab, ¨-e
Maßstäbe setzen

die Fahrtreppe, -n
(auch: die Rolltreppe, -n)

das Familienunternehmen, -

vermarkten

der Verbraucher, -

die Verbraucherin, -nen

verfügen über + Akk

4.2 Sprachmuster

Informationen über eine Firma einholen und geben
Was für eine Firma ist …?
In welcher Branche/In welchem Bereich ist … tätig/aktiv?
Zu welchem Sektor/welchem Bereich/welcher Branche gehört …?
… ist ein großer …-Konzern, eine internationale …-Gesellschaft, ein großes …-Unternehmen.
Die Firma ist im Bereich/in der Branche … tätig/aktiv.
Wir stellen (Maschinen, Teile, Medikamente, Zubehör für …) her.

4.2 Grammatik

Die Fragewörter *welcher, welche, welches*

Welcher, welche, welches können alleine oder in Verbindung mit einem Nomen gebraucht werden und fragen nach einer bestimmten Person oder Sache unter mehreren.

Können Sie mir einen Katalog schicken?
Welchen? / **Welchen** Katalog möchten Sie?

	Maskulin	**Feminin**	**Neutrum**	**Plural**
Nominativ	welcher	welche	welches	welche
Akkusativ	welchen	welche	welches	welche
Dativ	welchem	welcher	welchem	welchen

Welcher Computer ist neu? – **Der graue** (Computer). / **Dieser.**
Welche Telefonnummer hast du gewählt? – **Die alte** (Telefonnummer). / **Diese.**
Welches Produkt wählen Sie? – **Das billige** (Produkt). / **Dieses.**
Welchen Kunden schicken Sie die Prospekte? – **Den neuen** (Kunden). **Diesen** Kunden auf der Liste hier.

*Auf die Frage **Welcher …?**/**Welche …?**/**Welches …?** wird in der Antwort oft der bestimmte Artikel + Adjektiv oder **Dies-** verwendet.*

Das Fragewort *was für ...?*

Was für eine ...?/Was für ein ...? usw. werden meist in Verbindung mit einem Nomen gebraucht.
Was für ein ...? usw. fragt nach einer bestimmten Eigenschaft oder bestimmten Merkmalen des folgenden Nomens.

		Maskulin	Feminin	Neutrum	Plural
Nominativ	Was für	ein	eine	ein	–
Akkusativ	Was für	einen	eine	ein	–
Dativ	Was für	einem	einer	einem	–

Was für einen Pullover hast du gekauft? – **Einen blauen** (Pullover).
Was für eine Zeitung liest du? – **Eine** Wirtschaftszeitung.
Was für ein Unternehmen ist Puma? – **Ein internationales** Unternehmen in der Sportartikelbranche.

Auf die Frage Was für ...? wird in der Antwort meist der unbestimmte Artikel ein- verwendet.

Was für Pullover hast du gekauft? – **Blaue** (Pullover).
Was für Zeitungen liest du? – **Verschiedene** (Wirtschaftszeitungen).

Folgt auf Was für ...? eine Pluralform, so fällt der unbestimmte Artikel weg.

Adjektive bei Nomen mit unbestimmten Artikeln: *ein, eine, ein, ...*

Nach Nomen mit unbestimmten Artikeln nehmen die Adjektive unterschiedliche Endungen an.
Im Plural gibt es keinen unbestimmten Artikel. Das Adjektiv nimmt die Endung -e (Nom. + Akk.) oder -en (Dat. + Gen.) an.

	Maskulin	Feminin	Neutrum	Plural
Nominativ	ein (gut)**er**	eine (gut)**e**	ein (gut)**es**	-- (gut)**e**
Akkusativ	einen (gut)**en**	eine (gut)**e**	ein (gut)**es**	-- (gut)**e**
Dativ	einem (gut)**en**	einer (gut)**en**	einem (gut)**en**	-- (gut)**en**
Genitiv	eines (gut)**en**	einer (gut)**en**	eines (gut)**en**	-- (gut)**en**

Herr Podolski ist **ein guter** Kunde. Er hat ein**en** klein**en** Betrieb.
Frau Sanchez ist **eine gute** Mitarbeiterin. Sie hat interessant**e** Ideen.
ToTeck ist **ein kleines** Unternehmen mit ein**em** gut**en** Produktangebot.

Adjektive nach Possessivartikeln: *mein, dein, sein, ...*

Liste der Possessivartikel siehe S. 35

Nach Possessivartikeln nimmt das Adjektiv im Singular die gleichen Endungen an wie nach einem unbestimmten Artikel (siehe oben). Im Plural nimmt das Adjektiv in allen Fällen die Endung -en an. Dieselben Endungen nimmt das Adjektiv auch nach dem Negativartikel kein, keine etc. an.

	Maskulin	Feminin	Neutrum	Plural
Nominativ	-er	-e	-es	-en
Akkusativ	-en	-e	-es	-en
Dativ	-en	-en	-en	-en
Genitiv	-en	-en	-en	-en

Mein großer Bruder arbeitet bei IBM.
Seine kleine Firma hat sechs Mitarbeiter.
Unser neues Auto hat einen Hybridmotor.
Ich besuche diese Woche **keine neuen** Kunden.

4.2 Übungen

A Wortschatzarbeit

1 Suchen Sie die folgenden zusammengesetzten Wörter im Wörterbuch und übersetzen Sie.

1 der Kraftfahrzeugbau = das Kraftfahrzeug + der Bau

2 die Speditionsfirma = _____

3 die Nahrungsmittelindustrie = _____

4 das Versandhaus = _____

5 die Versicherungsgesellschaft = _____

6 der Dienstleistungssektor = _____

B Grammatik

1 Fragen Sie mit „Welch- …?", „Was für …?" oder „Was für ein- …?".

1 _____ Produkte stellt diese Firma her? Arzneimittel.
2 _____ Produkte produziert sie? Hustensaft, Schmerztabletten usw.
3 _____ Firma ist BASF? Das ist ein Chemiekonzern.
4 In _____ Branche ist diese Firma tätig?
5 Zu _____ Sektor gehört dieses Unternehmen?
6 _____ Unternehmen ist Möbel Lehmann? Ein Familienunternehmen.
7 In _____ Bereich ist die Firma aktiv?
8 _____ Computer hast du gekauft? Einen Compaq.
9 _____ Dienstleistungen bietet Mobility Car Sharing an?
10 _____ Firmen haben Niederlassungen in Asien?

Über die Firma

2 Formen Sie die Sätze um, wie im Beispiel angegeben.
Die Firma ist groß. Das ist eine große Firma.

1 Das Produkt ist neu. _____
2 Die Stadt ist schön. _____
3 Der Computer ist schnell. _____
4 Der Markt ist neu für uns. _____
5 Die Firma ist erfolgreich. _____
6 Das Büro ist modern. _____

3 Kreuzen Sie die richtige Lösung an.

1 Lukas, bringst du mir bitte _____ / _____ Preisliste.
   a unsere / neuste   b unseren / neuste   c unser / neuste   d unseren / neusten

2 Haben Sie schon _____ / _____ Sekretärin gefunden?
   a einen / neuen   b ein / neues   c einer / neuen   d eine / neue

3 Veronika arbeitet in _____ / _____ Unternehmen in London.
   a ein / internationales   b einem / internationalen   c -- / internationale   d ein / internationalem

4 Ist das _____ / _____ Freundin? – Ja, ich habe sie im Urlaub kennen gelernt.
   a deine / neue   b deine / neuer   c dein / neues   d deiner / neuen

5 Ich zeige Ihnen _____ / _____ Produkte.
   a unseren / neuen   b unser / neues   c unsere / neuen   d unsere / neues

6 Carla hat _____ / _____ Job in _____ / _____ Firma gefunden.
   a eine / gute   b ein / guter   c einen / gutes   d einen / guten
   e einer / großen   f einem / großen   g eines / großen   h einem / große

4 Ergänzen Sie die Endungen.

1 Umgehend senden wir Ihnen unser____ aktuellst____ Preisliste.
2 Lädst du dein____ neu____ Kollegin ins Kino ein?
3 Bieten Sie Ihr____ neu____ Kunden ein____ kalt____ Getränk an?
4 Wer trägt unser____ schwer____ Koffer?
5 Bitte senden Sie mir ein____ sofortig____ Antwort.
6 Er hat mir ein____ lang____ Brief geschrieben.
7 Er hat ein____ schön____ Zimmer im Parkhotel reserviert.
8 Er stellt ein____ neu____ Produkt her. Wir stellen aber kein____ neu____ Produkte her.
9 Ich stelle Ihnen unser____ neu____ Mitarbeiterin vor.
10 Wie heißt Ihr____ neu____ Vertreter?
11 Alle unser____ neu____ Angestellten sind zu einem Begrüßungstrunk eingeladen.
12 Wir haben ein____ modern____, groß____ Geschäft eröffnet.

4.3 Wortschatz

die Größe, -n

der Umsatz, ¨-e

die Mitarbeiterzahl

bedeuten

beschäftigen

der Beschäftigte, -n

der Konzern, -e

mittelständisch

interviewen

betragen
er beträgt, betrug, hat betragen

die Kernkompetenz, -en

die Gruppe, -n

die Übersicht, -en

der Aufwand, ¨-e

der Durchschnitt, -e

hoch

niedrig

verschieden

die Folge, -n

wahrscheinlich

die Wirtschaft

die Welt

die Eröffnung, -en

gleich

die Schließung, -en

schließen
er schließt, schloss, hat geschlossen

die Umstrukturierung, -en

stark

schwach

die Nachfrage, -n

das Ausland

austauschen

brauchen

die Filiale, -n

Über die Firma

4.3 Sprachmuster

Eine Statistik kommentieren
Die Abbildung/die Statistik/das Schaubild/der Geschäftsbericht gibt Informationen über …
Die Statistik/das Schaubild, … zeigt, dass/wie viel/wie viele …
Aus der Statistik/der Tabelle, … geht hervor, dass … / Im Text steht, dass …
In dieser Abbildung findet man Informationen über …
In dieser Statistik/Abbildung sieht man, dass …/wie viel/wie viele …
Interessant an dieser Statistik/an diesem Schaubild/an dieser Tabelle ist, dass …
Seltsam/komisch/auffällig finde ich, dass …
An erster/zweiter/dritter/vorletzter/letzter Stelle ist (steht) …
Am meisten/am wenigsten/am größten/viele/sehr viele/wenige/sehr wenige …
Die meisten Schweizer/Deutschen/Franzosen/Firmen/Unternehmen …
Die Statistik bezieht sich auf Deutschland/das Jahr 200…
Der Umsatz beträgt/Die Firma hat einen Umsatz von (circa/über) … Millionen/Milliarden Euro.
Das Unternehmen beschäftigt (ungefähr) … Mitarbeiter/hat (rund/etwa) … Beschäftigte.
Die Angaben sind in %, € usw.

Mögliche Antwort des Gesprächspartners/der Gesprächspartnerin
Ja, das stimmt. Das finde ich auch. Das finde/denke ich nicht.
Wirklich?
Das ist interessant.
Das wusste ich nicht.
Das habe ich nicht verstanden. Könnten Sie/Kannst du das noch einmal erklären?

4.3 Grammatik

Zahlen und Mengenangaben

Kardinalzahlen

0	null	10	zehn	20	zwanzig	30	dreißig
1	eins	11	elf	21	einundzwanzig	40	vierzig
2	zwei	12	zwölf	22	zweiundzwanzig	50	fünfzig
3	drei	13	dreizehn	23	dreiundzwanzig	60	sechzig
4	vier	14	vierzehn	24	vierundzwanzig	70	siebzig
5	fünf	15	fünfzehn	25	fünfundzwanzig	80	achtzig
6	sechs	16	sechzehn	26	sechsundzwanzig	90	neunzig
7	sieben	17	siebzehn	27	siebenundzwanzig	100	hundert
8	acht	18	achtzehn	28	achtundzwanzig	200	zweihundert
9	neun	19	neunzehn	29	neunundzwanzig	…	

1 000	tausend	100 000	hunderttausend	1 000 000	eine Million
2 000	zweitausend			1 000 000 000	eine Milliarde
…				1 000 000 000 000	eine Billion

30 938 schreibt man **dreißigtausendneunhundertachtunddreißig**.

Million, Milliarde und Billion werden als separate Nomen behandelt und haben, wenn es nötig ist, eine Pluralendung.

4 048 000 000 schreibt man **vier Milliarden achtundvierzig Millionen**.

Die folgenden Abkürzungen werden häufig gebraucht:
Tsd. = tausend; Mio. = Million; Mrd. oder Mia. = Milliarde

Jahreszahlen

Im Deutschen kann man sagen: Die Firma wurde **1963** gegründet.
oder: Die Firma wurde **im Jahr(e) 1963** gegründet.

Um auszudrücken, dass etwas häufig geschieht, hängt man das Suffix **-*mal*** an die Kardinalzahl an: **einmal, zweimal, zwanzigmal, …**

Ordinalzahlen

Die meisten Ordinalzahlen werden gebildet, indem man die Endung **-*te*** an die Kardinalzahlen von 2 bis 19 und die Endung **-*ste*** an die Kardinalzahlen von 20 aufwärts anhängt:
vier**te**, ach**te**, zehn**te**, einundzwanzig**ste**, dreißig**ste**, …

Ausnahmen: **erste, dritte, siebte**

Brüche und Dezimalzahlen

Brüche

½	ein halb*	¾	drei Viertel
⅓	ein Drittel	⅕	ein Fünftel
1½	eineinhalb oder anderthalb	2½	zweieinhalb

* *eine halbe* Stunde, aber: *die Hälfte* des Umsatzes

Dezimalzahlen

61,5%, gesprochen: einundsechzig **Komma** fünf Prozent

Komparativ

*Um einen Komparativ zu bilden, wird **-er** an die Grundform des Adjektivs angehängt. Oft wird aus dem Hauptvokal des Stammes ein Umlaut (bei einsilbigen Adjektiven).*

regelmäßig		**regelmäßig + Umlaut**	
niedrig	niedrig**er**	lang	l**ä**ng**er**
wenig	wenig**er**	kurz	k**ü**rz**er**
früh	früh**er**	stark	st**ä**rk**er**
intelligent	intelligent**er**	schwach	schw**ä**ch**er**

Es gibt aber auch einige unregelmäßige Formen:

teuer	teu**rer**
dunkel	dunk**ler**
hoch	**höher**
nah	**näher**
viel	**mehr**
gut	**besser**
gern	**lieber** (Adverbien)

Um einen Unterschied auszudrücken, verwendet man den Komparativ und:
als   Der Umsatz 2009 war höher **als** 2008.
   Die Deutschen fangen mit der Arbeit früher an **als** die Briten.
   Er verdient **weniger** Geld **als** ich.

Um auszudrücken, dass etwas gleich ist, verwendet man die Grundform und:
so … wie   Die Briten arbeiten **so** viele Stunden pro Woche **wie** die Holländer.
   Der Umsatz 2009 war **so** hoch **wie** 2008.
   Die Mitarbeiterzahl 2009 war nicht **so** hoch **wie** 2008.

Genitiv

Die Endungen der Artikel im Genitiv:

Maskulin	Feminin	Neutrum	Plural
-es (+s)	-er	-es (+s)	-er

Der Genitiv zeigt Besitzverhältnisse an:

Hier ist das Büro **des** Geschäftsführer**s**/**der** Sekretärin/**eines** Kollegen.
Hier ist Eva**s**/Peter**s** Büro.
Aber: Berlin ist die Hauptstadt Deutschland**s**.

Es ist auch möglich, **von + Dativ** *anstelle des Genitivs zu verwenden:*

Hier ist das Büro **vom** Geschäftsführer/**von der** Sekretärin/**von** Eva/**von einem** Kollegen.

Der Genitiv wird auch nach einigen Präpositionen verwendet: **wegen, (an)statt, trotz, innerhalb, außerhalb, anhand, aufgrund,** *...*

Ich rufe **wegen des** Drucker**s** an.
Wir brauchen zwei Einzelzimmer **(an)statt eines** Doppelzimmer**s**.

4.3 Übungen

A Wortschatzarbeit

1 Schreiben Sie die Zahlen aus.

1	1 734 204	
2	28 000	
3	204 619	
4	3 250 000	
5	6 972	
6	5 061 425 000	
7	⅔	
8	4½	
9	⅚	
10	1½	

2 Setzen Sie ein passendes Wort aus dem Kasten ein. Benutzen Sie jedes Wort nur einmal.

Folge	Beschäftigte	Umsatz	Mitarbeiter	Rezession
Nachfrage	Mrd.	gesunken	beschäftigt	

Vor 10 Jahren hatte diese Firma etwa 800 a) _____. Heute
b) _____ sie ungefähr 1 000 c) _____.
2009 beträgt der d) _____ dieser Firma 5,47 e) _____ €.
Wegen der f) _____ ist der Umsatz g) _____. Das ist
eine h) _____ der schwächeren i) _____ im Ausland.

3 Datenanalyse: Welche Kurven passen zu welchen Sätzen?

a   b

2008   2009   2010   2008   2009   2010

c   d

2008   2009   2010   2008   2009   2010

1 Unser Umsatz ist von 2008 bis 2010 gesunken. _____

2 Unser Auslandsanteil war 2010 größer als 2009, aber kleiner als 2008. _____

3 Die Zahl der Beschäftigten ist von 2008 bis 2010 etwas gestiegen. _____

4 Der Umsatz war 2008 und 2009 gleich hoch, ist aber 2010 etwas gesunken. _____

B Grammatik

1 Bilden Sie anhand der Stichwörter Fragen.

1 Branche / tätig _____?
In der Automobilindustrie.

2 Firma / arbeiten _____?
Bei der BMW AG.

3 hoch / Umsatz _____?
Ca. 14 Milliarden Euro.

4 Mitarbeiter / haben _____?
Etwa 80 000.

2 Setzen Sie die Komparativformen der Adjektive ein.

1 Die Nachfrage ist _____ (stark) als voriges Jahr.

2 Unser Umsatz ist dieses Jahr _____ (hoch) als im Vorjahr.

3 Unser Lager ist jetzt viel _____ (groß).

4 Wir beschäftigen jetzt 55 Mitarbeiter. Letztes Jahr war die Mitarbeiterzahl _____ (niedrig).

Über die Firma

3 Vergleichen Sie diese Firmen.

STERN GmbH		SIM AG	
Umsatz:	19 Mrd.	Umsatz:	2 000 Mio.
Mitarbeiter:	80 000	Mitarbeiter:	17 600
Filialen:	4	Filiale:	1

1 Der Umsatz der Stern GmbH ist _____ _____ der Umsatz der Sim AG. Stern

beschäftigt _____ Mitarbeiter _____ Sim. Die Sim AG hat

_____ Filialen _____ Stern.

2 Der Umsatz der Sim AG ist _____ _____ der Umsatz der Stern GmbH. Sim beschäftigt

_____ Mitarbeiter _____ Stern. Die Stern GmbH hat _____

Filialen _____ Sim.

4 Vergleichen Sie die Elemente und bilden Sie Sätze im Komparativ.

1 Pension Huber (€ 80,–) / Hotel Adora (€ 90,–) / teuer sein

Die Pension Huber ist _____ das Hotel Adora.

Das Hotel Adora ist _____ die Pension Huber.

2 Schokolade ++ / Eis + / ich / gern essen (+ = Positiv / ++ = Komparativ)

_____

3 Georg ++ / Karin + / gut arbeiten

_____

4 Paula ++ / Linda + / laut sprechen

_____

5 das Auto (€ 35 000,–) / das Motorrad (€ 10 000,–) / viel kosten

_____

6 mein Freund (1 m 85) / mein Bruder (1 m 80) / groß sein

_____

7 der Weg zur Kirche (100 m) / der Weg zum Bahnhof (200 m) / kurz sein

_____

8 Mannheim (30 km) / Darmstadt (60 km) / nah sein / von hier

_____

9 Freiburg (200 km) / Frankfurt (84 km) / weit entfernt sein / von hier

_____

5 Setzen Sie die richtige Genitivverbindung aus dem Kasten ein und ergänzen Sie die Endungen.

| am Anfang | am Ende | im Laufe |
| die Anzahl | die Struktur | in der Nähe |

1 Er ist fünfundzwanzig. Er steht also _____ seiner Karriere.
2 Die Firma ist _____ d_____ Bahnhofs.
3 Ich rufe Sie morgen _____ d_____ Tages an.
4 Könnten Sie über _____ d_____ Firma sprechen? Ist es ein Konzern?
5 _____ d_____ Beschäftigten ist seit 2007 stabil.
6 Er kommt erst _____ d_____ Woche zurück.

6 Setzen Sie die richtige Präposition aus dem Kasten ein und ergänzen Sie die Endungen.

| außerhalb | anhand | während | anstatt |
| trotz | innerhalb | aufgrund | wegen |

1 Ich rufe Sie _____ ein_____ Reklamation an.
2 _____ d_____ ersten Juniwoche ist Herr Wenger leider nicht da.
3 Wir brauchen zwei Einzelzimmer _____ ein_____ Doppelzimmer_____.
4 Dieser Artikel verkauft sich _____ d_____ hohen Preis_____ gut.
5 Die Firma liegt _____ d_____ Stadt, aber sie ist nicht weit vom Bahnhof.
6 Antworten Sie uns _____ d _____ angegebenen Frist.
7 _____ ein_____ Problem_____ mit unserem Computer können wir die Kopie der Rechnung nicht ausdrucken.
8 _____ d_____ Zahlen sehen wir, dass der Umsatz gesunken ist.

7 Übersetzen Sie die Präpositionen in Ihre Sprache.

1 anhand _____
2 anstatt _____
3 aufgrund _____
4 außerhalb _____
5 innerhalb _____
6 trotz _____
7 während _____
8 wegen _____

4.4 Wortschatz

das Organigramm, -e
die Firmenstruktur, -en
strukturiert sein
der Standort, -e
die Gesellschaft, -en
die Tochtergesellschaft, -en
der Konzern, -e
das Geschäftsfeld, -er
der Geschäftsbereich, -e
ergänzen
der Hersteller, -
erwirtschaften
wirtschaftlich
gesamt
der Rechtssitz, -e
die Hauptverwaltung, -en
umfassen
kurz
gegliedert sein
der Stammsitz, -e
die Holdinggesellschaft, -en
das Einzelunternehmen, -

4.4 Sprachmuster

Weitere Informationen über eine Firma einholen und geben
Können Sie die Firmenstruktur von … kurz beschreiben?
Die Firma gehört zum …-Konzern/zur …-Gruppe.
Das Unternehmen ist eine Tochtergesellschaft von …
Die Aktivitäten der Gruppe/Firma sind in drei Unternehmensbereiche gegliedert/umfassen drei Geschäftsbereiche.
Wie viele Gesellschaften gibt es in der Gruppe?
Zu der Gruppe gehören zehn Gesellschaften (in über zwanzig Ländern).
Wo ist der Hauptsitz/die Hauptverwaltung des Konzerns?
Wo sind die anderen/wichtigsten Standorte?
Der Stammsitz ist in Köln.
Die Firma hat Filialen/Tochtergesellschaften in Frankfurt und Berlin.

4.4 Grammatik

Gebrauch des bestimmten Artikels bei geografischen Namen

Der bestimmte Artikel wird verwendet bei:
- *femininen Ländernamen:* **die** Schweiz, **die** Türkei, …
  Der Hauptsitz der Firma ist **in der** Schweiz.

- *Ländernamen im Plural:* **die** Niederlande, **die** Vereinigten Staaten (die USA)
  Diese Produkte kommen **aus den** USA.

- *Namen von Seen, Bergen und Flüssen:* **der** Bodensee, **die** Zugspitze, **der** Main, **der** Rhein, **die** Donau, …
  Die Firma liegt in Frankfurt **am** Main.
  Er wohnt **am** Bodensee/**an der** Donau.

4.4 Übungen

A Wortschatzarbeit

1 Setzen Sie ein Wort aus dem Kasten ein.

| Muttergesellschaft | Gruppe | Tochtergesellschaft | Hauptsitz |
| Niederlassung | Gesellschaft | Standort | Filialen |

1 Wo ist der _____ des Konzerns?

2 Eine Holding-_____ ist eine Gesellschaft, die das Aktienkapital der Unternehmen der Gruppe kontrolliert.

3 Die Firma hat eine _____ in Bonn.

4 Zu welcher _____ gehören diese Firmen?

5 Die Produktion befindet sich in der _____ in Bonn.

6 Dieses Unternehmen hat zehn _____ in Europa.

7 Der wichtigste _____ der Firma ist in Stuttgart.

8 Die _____ besitzt den größten Teil des Kapitals.

B Grammatik

1 Stellen Sie Fragen, zu denen die folgenden Antworten passen.

1 _____ ?

Die Firma Sandner AG ist eine Papierfabrik.

2 _____ ?

Wir stellen Verpackungsmaterial her.

3 _____ ?

Die Firma hat ihren Sitz in Düsseldorf.

4 _____ ?

Nein, wir haben keine Filialen. Wir haben nur dieses Einzelunternehmen.

5 _____ ?

Unser Umsatz beträgt zwischen 1,5 und 1,7 Millionen Euro im Jahr.

6 _____ ?

Wir beschäftigen 40 Mitarbeiter.

4.5 Wortschatz

die Präsentation, -en

präsentieren

existieren

planen

die Zukunft

die Tabelle, -n

leiten

gründen

das Exemplar, -e

verstärken

das Wachstum

beabsichtigen

vorhaben

erweitern

erhalten
er erhält, erhielt, hat erhalten

aufbauen

erreichen

vertreten
er vertritt, vertrat, hat vertreten

erzielen

preiswert

das Erzeugnis, -se

sorgfältig

das Rohmaterial, -ien

der Gewinn, -e

sichern

die Sozialleistung, -en

die Weiterbildung, -en

der Kernbereich, -e

erhältlich

gelten
er gilt, galt, hat gegolten

der Inbegriff

die Lösung, -en

das Werbegeschenk, -e

die Ausstellung, -en

genießen
er genießt, genoss, hat genossen

das Taschenmesser, -

das Parfüm, -s

die Niederlassung, -en

der Fachhändler, -

einsteigen* (in einen Markt …)
er steigt ein, stieg ein, ist eingestiegen

4.5 Sprachmuster

Pläne äußern
Wir beabsichtigen/haben vor/planen, neue Maschinen zu kaufen.
Wir sind daran interessiert, neue Produkte zu testen.
Unser Ziel ist, bekannt zu werden.
Wir ziehen in Betracht …
Wir möchten …
Es ist unsere Absicht …

4.5 Grammatik

Vergangenheit in Präsens-Zeitform

*Das Präsens wird auch gebraucht, um über eine Handlung zu sprechen, die in der Vergangenheit begonnen hat und zur Sprechzeit immer noch andauert. Oft wird **schon** oder **seit** eingefügt:*

Diese Firma **existiert seit** 10 Jahren.
Er arbeitet **schon** 20 Jahre im Unternehmen.

Infinitivsätze mit *zu*

Ein Infinitivsatz ist ein verkürzter Satz, d. h. er hat kein finites Verb.

Viele deutsche Verben brauchen einen Infinitivsatz als Objekt, um ihre Bedeutung zu vervollständigen. Der Infinitivsatz kann durch ein Komma abgetrennt werden.

Wir beabsichtigen(,) eine neue Firma **zu** bauen.
Er wird versuchen(,) etwas über diese Firma **zu** erzählen.
Wir planen(,) unsere Märkte in Osteuropa weiter**zu**entwickeln.

***Zu** steht vor dem Infinitiv. Wenn das Verb ein trennbares Präfix hat, steht **zu** zwischen Präfix und Verbstamm.*

Es gefällt ihr, auf Leute zu**zu**gehen.

4.5 Übungen

A Wortschatzarbeit

1 Setzen Sie ein Wort aus dem Kasten ein.

Filiale	Betrieb	Ziel	Fabrik	Umsatz	Kundschaft	Gründung	Mitarbeiter
existieren	beabsichtigen		beschäftigen		erhalten	planen	erweitern

Wir sind ein mittelständischer a) _____ in der Textilbranche und

b) _____ seit 1965. In unserer c) _____ hier in Köln

stellen wir Sport- und Freizeitbekleidung her. Seit der d) _____ der Firma ist der

e) _____ kontinuierlich gestiegen und beträgt heute rund 25 Millionen Euro. Insgesamt

f) _____ wir 145 g) _____ .

Wir sind vor allem daran interessiert, die junge h) _____ zu erreichen. Unser

i) _____ ist, den Kunden modische und gleichzeitig preiswerte Qualitätsartikel

anzubieten. Unsere Marke „Weekender" ist unter Teenagern besonders beliebt.

Natürlich hoffen wir, unseren bisherigen Geschäftserfolg nicht nur zu j) _____ , sondern

auch zu k) _____ . Wir versuchen insbesondere Exportmärkte aufzubauen.

Nächstes Jahr l) _____ wir, intensiv in den osteuropäischen Markt einzusteigen.

Wir m) _____ eine neue n) _____ in Osteuropa zu eröffnen,

entweder in Polen oder in Ungarn.

90

2 Was passt zusammen? Ordnen Sie die Verben zu. Manche Verben passen mehrmals.

| eröffnen | entwickeln | schließen | steigern | werben | verkleinern | erhöhen | international ausrichten |
| befragen | verbessern | | gewinnen | | auf den Markt bringen | | ins Ausland verlagern |

1 Filialen _____
2 Anzahl der Mitarbeiter _____
3 Kunden _____
4 Produkte _____
5 Aktivitäten _____
6 Umsatz _____

B Grammatik

1 Bilden Sie korrekte Sätze.

1 Wir beabsichtigen, (neue Produkte testen)

2 Wir hoffen, (weitere Bestellungen bekommen)

3 Wir versuchen, (Exportmärkte aufbauen)

4 Wir freuen uns darauf, (Ihnen unseren Personalleiter vorstellen)

5 Wir sind daran interessiert, (neue Maschinen kaufen)

6 Unser Ziel ist, (günstige Artikel anbieten und neue Kunden erreichen)

7 Wir planen, (diese Fabrik verkaufen)

8 Es freut uns, (neue Produkte entwickeln)

2 Pläne für die Zukunft. Schreiben Sie Sätze mit den Wörtern aus Aufgabe A2.

Zum Lesen

1 Beantworten Sie die Fragen.

1 Was für eine Firma ist VICTORINOX®?

2 Seit wann existiert diese Firma?

3 In welchem Bereich ist die Firma tätig?

4 Wie sind die Produkte?

5 Welche Ziele hat die Firma?

6 Welches Produkt von VICTORINOX® ist sehr bekannt?

7 Wie viele Varianten des „Original Swiss Army Knife" gibt es?

8 Was symbolisiert dieses Messer?
   a
   b

9 Was stellt VICTORINOX® sonst noch her?
   a
   b
   c
   d
   e

10 In wie vielen Ländern ist VICTORINOX® vertreten?

11 In wie vielen Ländern hat VICTORINOX® Niederlassungen?

12 In welchen Geschäften kann man VICTORINOX®-Produkte kaufen?

Kapitel 5
Bei der Arbeit

5.1 Wortschatz

die Abteilung, -en

die Geschäftsführung, -en

kaufmännisch

die Entwicklung, -en

die Werbung

die Qualitätssicherung

das Rechnungswesen

der Innendienst

der Außendienst

der Versand

die Produktion

die Logistik

die Personalverwaltung

verwalten

die Lagerhaltung

der Hauptbereich, -e

die Rechnung, -en

prüfen

schriftlich

telefonisch

sich freuen auf + Akk.

sich freuen über + Akk.

bestehen aus + Dat.
er besteht, bestand, hat bestanden

leiten

verantwortlich sein für + Akk.

beschaffen

betreuen

fertigen

sich kümmern um + Akk.

konzipieren

beobachten

sich befassen mit + Dat.

sich erkundigen bei + Dat.

sich erkundigen nach + Dat.

entscheiden über + Akk.
er entscheidet, entschied, hat entschieden

annehmen
er nimmt an, nahm an, hat angenommen

lagern

bearbeiten

die Forschung, -en

aufteilen

der Besuch, -e

5.1 Sprachmuster

Die Organisation einer Firma beschreiben
Bei der Hammer GmbH gibt es eine Geschäftsführung und sieben Hauptbereiche.
Die Firma ist in sieben Abteilungen aufgeteilt.
Der Bereich … umfasst die Abteilung … und ….
Zum kaufmännischen Bereich gehören die Abteilungen … und ….
Der Bereich … besteht aus den Abteilungen … und ….

5.1 Grammatik

Verben und Adjektive mit Präpositionen

*Viele Verben und Adjektive werden mit bestimmten Präpositionen gebraucht, **die gelernt werden müssen:** **gehören zu, sich interessieren für, verantwortlich sein für, sich unterhalten mit, warten auf** usw.*

A **Verben und Adjektive mit Präposition + Akkusativ**

sich bedanken für _____	Ich bedanke mich herzlich für Ihr Angebot.
danken für _____	Ich danke für Ihre Präsentation!
sich interessieren für _____	Wir interessieren uns für dieses Produkt.
verantwortlich sein für _____	Sie ist für die Buchhaltung verantwortlich.
zuständig sein für _____	Er ist für den Versand zuständig.
kämpfen gegen _____	Er kämpft gegen die Mitbewerber.
kämpfen für _____	Er kämpft für kürzere Arbeitszeiten.
sich kümmern um _____	Frau Gut, kümmern Sie sich bitte um unsere Gäste.
sich handeln um _____	Es handelt sich um einen Irrtum.
sich bewerben um _____	Wie bewirbt man sich um eine Stelle bei der Firma?

*Die Präpositionen **für, gegen, um** verlangen **immer** den **Akkusativ**.*

B **Verben und Adjektive mit Präposition + Dativ**

bestehen aus _____	Der Bereich Produktion besteht aus zwei Abteilungen.
sich erkundigen bei _____	Er erkundigt sich bei einem Kollegen.
sich erkundigen nach _____	Er erkundigt sich nach einem Kollegen.
beginnen mit _____	Wir beginnen um 14 Uhr mit dem Meeting.
sich befassen mit _____	Er befasst sich mit der Werbung.
sprechen mit _____	Er spricht mit dem neuen Mitarbeiter.
sich unterhalten mit _____	Ich würde mich gern mit dir unterhalten.
verbinden mit _____	Ich verbinde Sie mit der Sekretärin.
sich treffen mit _____	Morgen treffen wir uns mit Frau Fitz.
telefonieren mit _____	Ich muss morgen mit den Kunden telefonieren.
sich verabreden mit _____	Ich würde mich gern mit dir verabreden.
fragen nach _____	Der Kunde fragt nach seiner Rechnung.
schmecken nach _____	Diese Limonade schmeckt nach Seife!

Bei der Arbeit

abhängen von	_____	Der Preis hängt von der Bestellmenge ab.
abhängig sein von	_____	Wir sind nicht mehr vom Hauptsitz abhängig.
begeistert sein von	_____	Der Chef ist von meiner neuen Idee begeistert.
enttäuscht sein von	_____	Von seinem Bericht bin ich sehr enttäuscht.
erzählen von	_____	Habe ich dir schon von meiner Geschäftsreise erzählt?
hören von	_____	Hast du schon von der Firma Baumann gehört?
überzeugen von	_____	Wir sind von diesem Produkt überzeugt.
einladen zu	_____	Wir laden Sie zu unserer Ausstellung ein.
gehören zu	_____	Diese Firma gehört zu der Daimler-Gruppe.
gratulieren zu	_____	Ich gratuliere dir zum Geburtstag.
zählen zu	_____	Dieser Konzern zählt zu größten Europas.

*Die Präpositionen **aus, bei, mit, nach, von, zu** verlangen **immer** den **Dativ**.*

C Verben und Adjektive mit Präposition + Akkusativ oder Dativ

sich wenden an + Akk.	_____	Am besten wenden Sie sich an die Buchhaltung!
denken an + Akk.	_____	Sie denkt an dich.
sich erinnern an + Akk.	_____	Ich erinnere mich noch an unsere letzte Sekretärin.
sich gewöhnen an + Akk.	_____	Hast du dich schon an die neuen Arbeitszeiten gewöhnt?
glauben an + Akk.	_____	Du musst fest an den Erfolg glauben.
interessiert sein an + Dat.	_____	Sie ist an unseren Produkten interessiert.
<u>teil</u>nehmen an + Dat.	_____	Leider können wir an der Eröffnung nicht teilnehmen.
zweifeln an + Dat.	_____	Zweifeln Sie an unserem Projekt?
achten auf + Akk.	_____	Ich achte auf gute Qualität.
antworten auf + Akk.	_____	Antworte bitte auf meinen Brief!
<u>auf</u>passen auf + Akk.	_____	Pass auf dich auf!
sich freuen auf + Akk.	_____	Freust du dich schon auf den Urlaub?
reagieren auf + Akk.	_____	Du musst auf den Brief reagieren.

warten auf + Akk.	_____	Er wartet schon lange auf eine Antwort.
sich spezialisieren auf + Akk.	_____	Er spezialisiert sich auf Informatik.
sich verlieben in + Akk.	_____	Sie hat sich sofort in das Produkt verliebt.
speichern in/unter + Dat.	_____	Speichern Sie die Daten im Computer./… unter der Datei …
tätig/aktiv sein in + Dat.	_____	In welcher Branche ist die Firma tätig/aktiv?
sich ärgern über + Akk.	_____	Er hat sich so über den Chef geärgert.
diskutieren über + Akk.	_____	Sie diskutieren gern über Politik.
sich freuen über + Akk.	_____	Ich habe mich über das Geschenk sehr gefreut.
sich informieren über + Akk.	_____	Hast du dich schon über die Preise informiert?
lachen über + Akk.	_____	Ich muss jedes Mal wieder über diesen Witz lachen.
sprechen über + Akk.	_____	Wir müssen über den Katalog sprechen.
sich unterhalten über + Akk.	_____	Wir haben uns über unsere Mitarbeiter unterhalten.

*Die Präpositionen **an, auf, in, über** können **den Akkusativ oder den Dativ** verlangen. Lernen Sie den verlangten Fall **zusammen mit dem Verb und dem Adjektiv auswendig.***

Präpositionen und Ortsangaben: Präpositionen + Akkusativ, Präpositionen + Dativ, Wechselpräpositionen (Grammatik 5.3, Seite 111, und 6.4, Seite 143)
Präpositionen und Zeitangaben (Grammatik 1.2, Seite 11)

5.1 Übungen

A **Wortschatzarbeit**

1 Setzen Sie die Berufe oder Abteilungen mit Hilfe des Organigramms auf Seite 56 in das Worträtsel ein.

1 Die Personen dieser Abteilung sind oft unterwegs.
2 Diese Abteilung verkauft die Produkte.
3 Sie leitet die Firma.
4 Diese Abteilung liefert den Kunden die Produkte.
5 Diese Abteilung konzipiert neue Produkte.
6 Diese Abteilung ist für die Kontenführung der Firma verantwortlich.
7 In dieser Abteilung fertigt und montiert die Produkte.
8 Diese Abteilung betreut die Kunden.
9 Diese Abteilung beschafft das Produktionsmaterial.

▲ Und in welcher .... arbeiten Sie?

B Grammatik

1 Unterstreichen Sie die richtige Präposition.

1 Ich bedanke mich bei / für Ihnen bei / für Ihre gute Arbeit.

2 Sie zählen zu / mit unseren besten Mitarbeitern.

3 Seit über 30 Jahren kümmern Sie sich für / um unsere Kunden und sind verantwortlich bei / für 10 Mitarbeiter im Vertrieb.

4 Auch in schweren Zeiten haben Sie nicht über / an unseren Produkten gezweifelt, sondern immer für / mit unserem Erfolg gekämpft.

5 Sie haben immer gesagt: „Über / Auf Probleme darf man sich nicht ärgern! Man muss über / auf Probleme sprechen!" Und das hat uns sehr geholfen.

6 Wir gratulieren Ihnen mit / zu Ihrem Jubiläum und freuen uns über / auf viele Jahre mehr mit Ihnen.

2 Vervollständigen Sie folgende Sätze mit Präpositionen, Artikeln oder Pronomen.

1 Sie ist _____ _____ Marketing verantwortlich.

2 Vergleichen Sie die Struktur Ihrer Firma _____ _____ Holding-Gesellschaft!

3 Diese Firma ist _____ _____ Textilbranche tätig.

4 Danke _____ _____ Brief.

5 Wir freuen uns, Sie _____ _____ Kunden zählen zu dürfen.

6 Der Bereich Personal besteht _____ _____ Abteilungen Personalverwaltung und Ausbildung.

7 Die Konstruktionsabteilung befasst sich _____ _____ Entwicklung von Prototypen.

8 Frau Schaller kümmert sich _____ _____ Bestellungen.

9 Wir freuen uns _____ _____ nächsten Besuch.

10 Die Sekretärin freut sich _____ _____ Geschenk.

11 Herr Feller informiert sich _____ _____ Lagerhaltung.

12 Wer entscheidet _____ _____ Preis?

13 Wir unterhalten uns _____ _____ Firma.

14 Es ist schon 8:15 Uhr, wir beginnen jetzt _____ _____ Sitzung.

15 Die Firmenbesucher erkundigen sich _____ _____ Organigramm.

16 Die Gäste aus Deutschland interessieren sich _____ _____ Qualitätssicherung.

17 Einen Moment, ich verbinde Sie _____ _____ Buchhaltung.

18 Frau Zeiter trifft sich _____ _____ Chef der Personalverwaltung.

19 Wir sind _____ _____ Produktion sehr zufrieden.

20 Frau Leuthard, darf ich Sie _____ _____ Kaffee einladen?

5.2 Wortschatz

der/die Trainee, -s

die Arbeitszeit, -en
die gleitende Arbeitszeit

lang

die Blockzeit, -en

die Kernzeit, -en

der Feiertag, -e

die Überstunde, -n

die Gleitzeit

die Verwaltung, -en

der Urlaubstag, -e

die Schichtarbeit

der Feierabend

zwischen + Akk. oder Dat.

außer

einschließlich

wenn

normalerweise

gesetzlich

aufhören (… mit)

die Umfrage, -n

der Unterschied, -e

durchschnittlich

der Trend, -s

das Gehalt, ¨-er

das Bruttogehalt, ¨-er

das Nettogehalt, ¨-er

das Monatsgehalt, ¨-er

das Fahrtgeld

der Lohn, ¨-e

die Zulage, -n

die Gehaltserhöhung, -en

die Lohnerhöhung, -en

verdienen

gering

überraschen

billig

teuer
die Kauffrau, -en
der Kaufmann
die Kaufleute
manchmal

5.2 Sprachmuster

Über Arbeitszeiten und Bezahlung sprechen
Morgens fangen wir um 7:30 Uhr mit der Arbeit an.
Wir arbeiten bis 17 Uhr.
Um 17 Uhr ist Feierabend.
Am Freitag bin ich nicht im Büro.
Die Mittagspause dauert eine Stunde.
Von 12 bis 13 Uhr mache ich/bin ich in der Mittagspause.
Durchschnittlich arbeite ich 8 Stunden pro Tag/täglich.
Ich verdiene 5 800 Euro brutto.
Mein Bruttogehalt beträgt … Euro.
Das sind ungefähr … Euro netto.
Ich bekomme ein 13. Monatsgehalt zu Weihnachten.
Wir bekommen auch Urlaubsgeld.

5.2 Grammatik

Superlativ

Der ICE ist **der** schnell**ste** Zug in Deutschland.
Der ICE fährt **am** schnell**sten**.

Um den Superlativ zu bilden, wird -(e)st an die Grundform des Adjektivs angehängt. Oft wird aus dem Hauptvokal des Stammes ein Umlaut.

regelmäßig		**regelmäßig + Umlaut**	
niedrig	der/die/das niedrig**ste** ...	lang	der/die/das l**ä**ng**ste** ...
wenig	der/die/das wenig**ste** ...	kurz	der/die/das k**ü**rz**este** ...
früh	der/die/das früh**(e)ste** ...	stark	der/die/das st**ä**rk**ste** ...
intelligent	der/die/das intelligent**este** ...	schwach	der/die/das schw**ä**ch**ste** ...
laut	der/die/das laut**este** ...		
dunkel	der/die/das dunkel**ste** ...		
teuer	der/die/das teuer**ste** ...		

Es gibt aber auch einige unregelmäßige Formen:
hoch   der/die/das **höchste** ...
nah   der/die/das **nächste** ...
viel   der/die/das **meiste** ...
gut   der/die/das **beste** ...

Vor dem Superlativ eines Adverbs steht das Wort am. Die Superlativformen enden auf -(e)sten, zum Beispiel: am liebsten, am wenigsten, am meisten, am besten, ...

gern   am **liebsten**   ▶ Am liebsten arbeite ich mit Frau Müller.

Adjektive bei Nomen nach den bestimmten Artikeln *der, die, das*

*Nach dem **bestimmten Artikel** nehmen die Adjektive die Endung -e oder -en wie folgt an:*

	Maskulin	**Feminin**	**Neutrum**	**Plural**
Nominativ	-e	-e	-e	-en
Akkusativ	-en	-e	-e	-en
Dativ	-en	-en	-en	-en
Genitiv	-en	-en	-en	-en

Das ist der neu**e** Kunde, Herr Podolski.   Wir treffen den neu**en** Kunden.
Wo ist die neu**e** Kaffeemaschine?   Wir treffen morgen die neu**en** Kunden.
Ist das das neu**e** Produkt?

*Stehen vor dem Adjektiv **dieser, diese, dieses, jeder, jede, jedes, alle**, wird das Adjektiv nach demselben Schema dekliniert.*

Ist dieses neu**e** Modell teuer?
Dieser neu**e** Kunde ist sehr sympathisch.
Alle neu**en** Kunden erhalten am Jahresende ein Geschenk.
Jeder neu**e** Mitarbeiter hat einen Computer.
Jedes kleinst**e** Detail wird überprüft.

5.2 Übungen

A Wortschatzarbeit

1 Ergänzen Sie die folgenden Sätze mit den Wörtern aus dem Kasten.

Feiertag	gleitende Arbeitszeit	Feierabend	Überstunden
Mittagspause	Arbeitszeit	Urlaubstage	Monatsgehalt
Zulage	Vorschuss	Stundenlohn	Gehaltserhöhung

1 _____ sind die Arbeitsstunden, die man zusätzlich zur normalen Arbeitszeit macht.

2 Die _____ ist ein System, bei dem die Beschäftigten den Beginn und das Ende der Arbeitszeit selbst bestimmen können.

3 _____ bedeutet das Ende der täglichen Arbeitszeit.

4 Das _____ ist das Geld, das ein Angestellter monatlich verdient.

5 Ein _____ ist ein Tag, an dem in einem Land nicht gearbeitet wird.

6 Ein _____ ist eine Summe Geld, die man als Teil eines Gehalts im Voraus bekommt.

7 Eine _____ bedeutet, dass man mehr Geld verdient als vorher.

8 Tage, an denen man nicht arbeitet, sind _____. Bei der Hammer GmbH gibt es 30.

9 Die _____ sind die Stunden, die man pro Tag oder pro Woche arbeitet.

10 Eine _____ ist ein Betrag, den man zusätzlich erhält.

11 Die Zeit, in der man bei der Arbeit isst, nennt man die _____.

12 Das Geld, das ich pro Stunde verdiene, ist der _____.

2 Beantworten Sie folgende Fragen.

1 In welcher Branche oder in welchem Sektor arbeiten Sie?

2 Wann fangen Sie morgens mit der Arbeit an?

3 Wann haben Sie Feierabend?

4 Wann haben Sie Mittagspause? Wie lange dauert sie?

5 Wo essen Sie zu Mittag?

6 Wie viele Stunden arbeiten Sie pro Tag/pro Woche?

7 Machen Sie manchmal Überstunden? Bekommen Sie dann mehr Geld oder dürfen Sie an anderen Tagen freinehmen? Was finden Sie am besten und warum?

8 Gibt es in Ihrer Firma gleitende Arbeitszeit? Gibt es eine Kernzeit?

_____

9 Welches sind die Vorteile und die Nachteile der gleitenden Arbeitszeit?

_____
_____
_____
_____
_____

10 Wie viele Urlaubstage haben Sie pro Jahr?

_____

11 Wann nehmen Sie Ihren Urlaub am liebsten? Warum?

_____
_____

12 Wie viele gesetzliche Feiertage haben Sie pro Jahr? Wann?

_____
_____

B Grammatik

1 **Wiederholen Sie für diese Übung noch einmal den Komparativ (Übersicht siehe Seite 80). Ergänzen Sie dann die Sätze mit den Informationen aus der Tabelle und entscheiden Sie: Komparativ oder Superlativ?**

Durchschnittliche tatsächliche Wochenarbeitszeit					
Polen	41,7	Frankreich	38,4	Österreich	41,6
Irland	38,9	Spanien	40,4	Deutschland	41,2
Griechenland	40,8	Großbritannien	40,9	Norwegen	39,6
Italien	39,5	Niederlande	39,9		
Rumänien	41,8	Belgien	38,6		

Quelle: Eurofound 2008, 3. Quartal

1 In Italien arbeitet man _____ _____ in Spanien.

2 Die Arbeitswoche in Frankreich ist fast _____ _____ _____ in Belgien.

3 Die Polen haben eine _____ Arbeitswoche _____ die Griechen.

4 Die Griechen arbeiten aber _____ Stunden _____ die Deutschen.

5 Und die deutschen Industriearbeiter arbeiten _____ _____ die irischen.

6 _____ _____ Arbeitswoche haben die Franzosen und _____ _____ arbeiten die Rumänen.

2 Ergänzen Sie: der/die/das oder am + Superlativ?

1 In welcher Branche ist der monatliche Bruttolohn _____ höchsten?

2 Das Produkt von Lemmler ist _____ teuerste.

3 In diesem Land gibt es _____ meisten Urlaubstage.

4 Die Firma Reul hat _____ beste Kantine.

5 In welchem Beruf arbeiten _____ intelligentesten Menschen?

6 Letztes Jahr war die Nachfrage _____ schwächsten.

3 Vergleichen Sie und bilden Sie Sätze im Superlativ.

1 Pension Montanara + / Hotel Bad ++ / Hotel Primrose +++ / teuer (billig) sein

Das Hotel Primrose ist _____.

Die Pension Montanara ist _____.

2 Ski fahren +++ / Mountainbike fahren + / Schlitten fahren ++ / gern

_____ fahre ich Ski.

3 Domenico ++ / Antonia + / Gian-Luca +++ / gut (schlecht) Deutsch sprechen

Gian-Luca _____

Antonia _____

4 Lukas ++ / Klara +++ / Anna-Maria + / laut (leise) sprechen

Klara _____

Anna-Maria _____

5 der Direktor +++ / die Buchhalterin ++ / der Außendienstmitarbeiter + / einen hohen (niedrig) Lohn haben

der Außendienstmitarbeiter _____

der Direktor _____

6 Siemens + / ABB +++ / Novartis ++ / einen großen (kleinen) Umsatz machen

Siemens _____

ABB _____

7 der Weg zur Universität +++ / zur Bibliothek ++ / zur Post + / kurz (lang) sein

Der Weg zur Post _____

Der Weg zur Universität _____

8 Carla + / Klaus ++ / Anna-Maria +++ / viel (wenig) Geld verdienen

Carla _____

Anna-Maria _____

4 Ergänzen Sie die Endungen.

1 Hat die Firma Helfer die tiefst**en** Preise?
2 Alle neu**en** Praktikanten müssen sechs Monate in der Firma bleiben.
3 Ich arbeite gern mit diesem nett**en** Kollegen.
4 Wie heißt die blond**e** Dame, die in der Verwaltung arbeitet?
5 Das ist der best**e** Computer auf dem Markt.
6 In dieser modern**en** Firma möchte ich gern arbeiten.
7 Der neu**e** Vertreter heißt Hans Glück.
8 Wir haben die letzt**e** Umfrage analysiert. Das Resultat ist gut.
9 Jeder neu**e** Mitarbeiter muss dieses Formular ausfüllen.
10 Alle groß**en** Hotels der Stadt sind belegt.
11 Wie heißen diese jung**en** Leute?
12 Bitte geben Sie mir den best**en** Tisch mit Sicht auf die Altstadt.
13 Sehen Sie das groß**e** Gebäude dort? Das ist unsere Firma.
14 Dieses alt**e** Haus habe ich günstig gekauft.
15 An Weihnachten geben wir jedem aktiv**en** Mitarbeiter ein kleines Geschenk.
16 Haben Sie den aktuell**en** Katalog schon erhalten?
17 Die Arbeiter beschweren sich über die niedrig**en** Löhne.
18 Diese niedrig**en** Löhne wollen sie nicht akzeptieren.
19 Seid ihr über die hoh**en** Kosten überrascht?
20 Die Angestellten wollen diese lang**en** Arbeitszeiten nicht.
21 Wir unterhalten uns über die kaufmännisch**e** Abteilung.
22 Das alt**e** Buchhaltungsprogramm war besser.
23 Wir treffen uns mit den neu**en** Kunden.
24 Von welcher Firma ist diese hoh**e** Rechnung?
25 Die durchschnittlich**e** Arbeitszeit pro Woche beträgt 42 Stunden.
26 Ihr diskutiert über die schlecht**en** Arbeitszeiten.
27 Du vergleichst die durchschnittlich**en** Löhne in den europäischen Ländern.
28 Habt ihr diese gering**e** Lohnerhöhung akzeptiert?
29 Erinnerst du dich an die sympathisch**e** Trainee?
30 Ich habe alle nett**en** Kollegen zu einem Fest eingeladen.

5 Ergänzen Sie die Endungen des bestimmten Artikels oder des Demonstrativpronomens und des Adjektivs.

1 Wir senden Ihnen d___ gewünscht___ Prospekt.
2 Dies___ niedrig___ Rechnung bezahlen wir erst am Ende des Monats.
3 Ich möchte dies___ billig___ Produkt bestellen.
4 In dies___ klein___ Firma gibt es keine Kantine.
5 Leider sind wir mit dies___ letzt___ Vorschlag nicht einverstanden.
6 Dies___ neu___ Organigramm ist sehr interessant.
7 Sind Sie mit dies___ neu___ Monatsgehalt zufrieden?
8 Wo bewirbt man sich um dies___ interessant___ Stelle?
9 Ich möchte bei dies___ bekannt___ Firma arbeiten.
10 Dies___ nett___ Frau ist unsere Sekretärin.
11 Kennst du dies___ jung___ Herrn? Ja, das ist d___ neu___ Vertriebsleiter.
12 Wer ist für d___ ganz___ Personal verantwortlich?
13 Ich denke schon an d___ nächst___ Bestellungen. Und du?
14 Herr Neureuther ist d___ ganz___ Woche auf einer Geschäftsreise.
15 Was habt ihr während d___ ganz___ Zeit gemacht?

5.3 Wortschatz

das **Verwaltungsgebäude**, -

der **Geländeplan**, ¨-e

der **Haupteingang**, ¨-e

das **Prüflabor**, -s

die **Eisenbahnschiene**, -n

der **Empfang**

das **Erdgeschoss**
im Erdgeschoss

Der Stock/das Stockwerk, -e

in + Akk. oder Dat.

an + Akk. oder Dat.

auf + Akk. oder Dat.

hinter + Akk. oder Dat.

neben + Akk. oder Dat.

über + Akk. oder Dat.

unter + Akk. oder Dat.

vor + Akk. oder Dat.

links von + Dat.

rechts von + Dat.

die **Treppe**, -n

oben

unten

die **Ecke**, -n

entlanggehen*
er geht entlang, ging entlang, ist entlanggegangen

hinaufgehen*
er geht hinauf, ging hinauf, ist hinaufgegangen

zurückgehen*
er geht zurück, ging zurück, ist zurückgegangen

geradeaus

bis zu + Dat.

dahin

runtergehen*
er geht runter, ging runter, ist runtergegangen

rausgehen*
er geht raus, ging raus, ist rausgegangen

5.3 Sprachmuster

Nach dem Weg fragen, den Weg beschreiben
Wo ist das Büro des Personalleiters?
Wie komme ich zum Sekretariat/zur Vertriebsabteilung?
Ich muss in die Personalabteilung. Wie komme ich dahin?
Sein Büro ist im dritten Stock.
Vom Empfang aus gehen Sie die Treppe hoch.
Gehen Sie nach unten ins Erdgeschoss.
Gehen Sie um die Ecke/links/rechts.
Gehen Sie den Gang entlang.
Das Sekretariat ist die vierte Tür links/rechts.
Gehen Sie zurück zum Empfang.
Gehen Sie die Treppe rauf/runter.
Gehen Sie links/rechts/geradeaus bis zum/zur…
Die Vertriebsabteilung ist auf der linken/rechten Seite.
Gehen Sie hier rechts raus.
Gehen Sie zurück zur Treppe.
Gehen Sie die Treppe runter ins Erdgeschoss.
Tut mir leid, das weiß ich auch nicht.
Fragen Sie doch mal beim Empfang.

Bei der Arbeit

5.3 Grammatik

Präpositionen und Ortsangaben

A **Präpositionen mit Akkusativ**

Nach folgenden Präpositionen kommt immer der Akkusativ.

durch	_____	Gehen Sie durch diese Tür rechts.
gegen	_____	Das Motorrad ist gegen einen Bus gefahren.
um	_____	Wir sitzen um den Tisch.
entlang	_____	Gehen Sie den Flur entlang.

Nicht-lokale Verwendung:

für	_____	Der Brief ist für mich.
ohne	_____	Versenden Sie die Rechnung ohne den Einzahlungsschein?

B **Präpositionen mit Dativ**

Nach folgenden Präpositionen kommt immer der Dativ.

aus	_____	Dieses Produkt kommt aus der Schweiz.
bei	_____	Sie isst bei ihrem Freund.
nach	_____	Sie geht nach dem Meeting.
von	_____	Der Anruf kommt von der Zentrale.
zu	_____	Sie geht zu ihrem Freund. Er fährt zur Arbeit. Wir sind zu Hause.
gegenüber	_____	Die Post ist gegenüber dem Bahnhof.

Nicht-lokale Verwendung:

mit	_____	Ich komme mit dir. Fahren wir mit dem Bus.
von	_____	Die E-Mail ist von Herrn Messmer.
seit	_____	Er arbeitet seit einer Woche hier.

*Beachten Sie: **in, an, bei, zu,** und **von** werden oft mit dem bestimmten Artikel zu einer Kurzform zusammengezogen:*

in + dem	▶	**im**	in + das	▶	**ins**
an + dem	▶	**am**	an + das	▶	**ans**
bei + dem	▶	**beim**			
zu + dem	▶	**zum**	zu + der	▶	**zur**
von + dem	▶	**vom**			

111

C Wechselpräpositionen

Die folgenden Präpositionen fordern den Akkusativ oder den Dativ:
an, auf, hinter, in, neben, über, unter, vor, zwischen

*Der Kasus hängt vom Verb ab. Der **Akkusativ** wird gebraucht, um eine **Bewegung** von einem Ort zum anderen auszudrücken, während der **Dativ** gebraucht wird, um eine **Position** anzugeben.*

+ Akkusativ	+ Dativ
Er stellt seinen Koffer **neben** den Tisch.	Der Koffer steht **neben** dem Tisch.
Sie hängt die Lampe **über** den Tisch.	Die Lampe hängt **über** dem Tisch.
Ich lege das Buch **auf** die Kommode.	Das Buch liegt **auf** der Kommode.
Ich setze mich **auf** den Stuhl.	Ich sitze **auf** dem Stuhl.
Er geht **ins** Restaurant.	Er sitzt **im** Restaurant.

*Nach den folgenden Verben werden die Wechselpräpositionen mit dem **Akkusativ** gebraucht:*
stellen, (sich) setzen, legen, hängen, gehen, einsteigen, einziehen, …
*Nach den folgenden Verben werden die Wechselpräpositionen mit dem **Dativ** gebraucht:*
stehen, sitzen, liegen, hängen, sein, arbeiten, wohnen, …

5.3 Übungen

A Wortschatzarbeit

1 Ergänzen Sie die Sätze mit Hilfe der Pläne auf Seite 60 im Kursbuch.

1 Das Konferenzzimmer 1 ist _____ der Vertriebsabteilung.

2 _____ dem Konstruktionsbüro befindet sich das technische Büro.

3 Das Sekretariat ist _____ dem Konferenzzimmer 1 und der Geschäftsleitung.

4 Der Empfang ist _____ Erdgeschoss und der Druckraum ist _____ ersten Stock.

5 _____ von der Toilette und _____ der Poststelle ist der Kopierraum.

6 Der Parkplatz für Besucher ist _____ dem Prüflabor.

2 Folgen Sie der Wegbeschreibung und ergänzen Sie.

„Gehen Sie zwei _____ hoch, jetzt sind Sie im zweiten _____.

Gehen Sie links, den _____ entlang. Frau Kuppler sitzt in der Kaufmännischen

_____, das ist die sechste _____ rechts oder … vielleicht ist sie auch

schon in der _____, das ist die vierte Tür _____.

3 Beantworten Sie die Fragen mit Hilfe des Geländeplans auf Seite 60.

1 Was ist gegenüber dem Haupteingang? _____

2 Was ist links neben dem Fertiglager? _____

3 Was ist rechts vom Personalleiter? _____

4 Was ist links von der Produktionsabteilung? _____

B Grammatik

1 Schauen Sie sich den Plan des Verwaltungsgebäudes auf Seite 60 im Kursbuch an und beantworten Sie die Fragen.

1 Wo ist das Sekretariat? _____

2 Wo ist das Konstruktionsbüro? _____

3 Wo ist die Kantine? _____

4 Wo ist der Parkplatz für das Personal? _____

5 Wo ist der Parkplatz für Besucher? _____

2 Beantworten Sie die Fragen.

1 Wohin soll ich die Vase stellen? Auf _____ Tisch.

2 Wohin hast du denn den Brief gelegt? Neben _____ Zeitung.

3 Wohin gehen Sie heute Abend nach der Arbeit? _____ Kino.

4 Wohin fahren Sie im Sommer gern? An _____ Bodensee.

5 Wohin sollen wir uns setzen? Auf _____ Sofa.

6 Wohin schicken Sie den Brief? In _____ Türkei.

3 Ergänzen Sie mit den Präpositionen „bei", „zu" oder „mit".

1 Ist Frau Eckert _____ Ihnen? Nein, sie ist _____ Herrn Meier weggefahren.

2 Wo arbeiten Sie jetzt? _____ Mater & Co.

3 Wie kommt man dorthin? Am besten _____ dem Taxi.

4 _____ schönem Wetter geht er _____ Fuß ins Büro.

5 Die Außendienstmitarbeiterin geht _____ einem Kunden.

6 Er ist Projektleiter _____ der Firma ABB.

7 Wir arbeiten gern _____ diesen neuen Kollegen.

8 Ich kann _____ meinen Freunden in London wohnen.

9 Wir sprechen nicht gern _____ _____ Personalleiterin.

10 Isst du noch _____ uns oder gehst du schon _____ deinen Kunden?

4 Ergänzen Sie mit Präpositionen und Artikeln wenn nötig.

1 Erika verbringt ihre Ferien _____ _____ Bergen.

2 Das Bild hängt _____ _____ Wand _____ Arbeitszimmer.

3 Mein Auto steht _____ _____ Haupteingang.

4 Lara fährt die Hauptstraße _____ und sucht das Gebäude der Firma AXA.

5 Die Aktenordner sind _____ Schrank.

6 Die Büros der Firma Michelin befinden sich _____ Stadtzentrum.

7 Seine Kunden arbeiten _____ _____ Dorf in der Nähe von Mainz.

8 Gehen Sie hinauf _____ _____ ersten Stock. _____ _____ rechten Seite finden Sie das Büro des Direktors.

9 Ich lege die Dokumente _____ _____ Telefon.

10 Das Hotel Hilton befindet sich direkt _____ _____ Flughafen.

11 Entschuldigung, fahren Sie _____ Bahnhof?

12 Gehst du _____ _____ Gästen auch _____ _____ Altstadt?

13 Dieser Tisch kommt _____ _____ Arbeitszimmer des Chefs.

14 Wie lange braucht man _____ _____ Innenstadt _____ Hotel?

15 Direktor Röthe ist _____ Ausland.

16 Wo ist das Büro von Herrn Sing? Das befindet sich _____ dritten Stock.

17 Warst du schon _____ Direktor?

18 Herr Sommer, ist der Platz _____ Ihnen noch frei?

19 Wann kommt Herr Röthe _____ _____ Geschäftsreise zurück?

20 Wart ihr schon _____ Berlin oder fahrt ihr noch _____ Berlin?

21 Kommt, setzt euch _____ _____ Tisch.

5.4 Wortschatz

entgegennehmen
er nimmt entgegen, nahm entgegen,
hat entgegengenommen

zuständig sein für + Akk.

vorstellen

die Kundenbetreuung

der Bericht, -e

die Reklamation, -en

die Anfrage, -n

das Angebot, -e
ein Angebot erstellen/unterbreiten

die Korrespondenz

erledigen

bestätigen

überwachen

der Liefertermin, -e

die Ablage machen

das Protokoll, -e

führen (Protokoll …)

der Bedarf

beraten
er berät, beriet, hat beraten

die Beratung, -en

vorführen

die Aufgabe, -n

oft

regelmäßig

ständig

5.4 Sprachmuster

Über Arbeitsaufgaben sprechen
Was ist Ihre Funktion in der Firma/Abteilung?
Ich bin Sekretärin.
Wofür sind Sie zuständig/verantwortlich?
Ich bin für das Marketing zuständig/verantwortlich.
Ich befasse mich mit den Büroarbeiten.
Ich kümmere mich um die Bestellungen.
Was müssen Sie bei der Arbeit machen?
Worin besteht Ihre Arbeit?
Ich erledige die Korrespondenz, …
Jeden Tag/Einmal in der Woche/im Monat muss ich an einer Sitzung teilnehmen.
Ich muss manchmal/oft/regelmäßig/ständig Protokolle führen.

5.4 Grammatik

Präpositionaladverbien (Pronominaladverbien)

Frage	Antwort
Fragewort wo(r)* + Präposition	**Pronomen da(r)* + Präposition**
Womit befasst sich Herr Moser?	Mit der Buchhaltung, er befasst sich gern **damit**.
Worum kümmern Sie sich?	Um die Aufträge, ich kümmere mich gern **darum**.

* Das **-r-** wird eingefügt, wenn die Präposition mit einem Vokal anfängt.

Bei Personen

Frage	Antwort
Präposition und **Fragewörter wen/wem**	**Präposition** und **Personalpronomen**
Um wen kümmern Sie sich?	**Um sie** (um die Kinder).
Mit wem spricht er?	**Mit ihm** (mit dem Direktor).

Reflexivpronomen

Ich kümmere **mich** um die Aufträge.

Er befasst **sich** mit Werbung.

Ich kaufe **mir** einen neuen Computer.

Er möchte **sich** ein Andenken kaufen.

Du hast **dich** um eine neue Stelle beworben.

Bildest **du dir** ein, dass deine Stelle sicher ist?

*Das Reflexivpronomen steht normalerweise im **Akkusativ**. Bei einigen Verben mit einem zweiten Objekt steht das Reflexivpronomen im **Dativ**.*
Dativ und Akkusativ unterscheiden sich nur in der 1. und 2. Person Singular.

	Akkusativ	**Dativ**		**Akkusativ**	**Dativ**
ich	mich	mir	wir	uns	uns
du	dich	dir	ihr	euch	euch
er/sie/es	sich	sich	sie/Sie	sich	sich

5.4 Übungen

A Wortschatzarbeit

1 Die Auftragsabwicklung ist eine wichtige Aufgabe der Vertriebsabteilung. Ergänzen Sie.

| Auftrag | Lieferschein | Anfrage | Rechnung | Auftragsbestätigung | Angebot |

1 Ein Kunde möchte etwas kaufen. Mit einer _____ fragt er nach Preis und Lieferzeit der Ware.

2 Der Lieferant beantwortet die Anfrage mit einem _____, in dem er eine Produktinformation, den Preis und die Lieferzeit angibt.

3 Wenn ein Kunde bestellen möchte, schickt er dem Lieferanten einen _____.

4 Mit der _____ nimmt der Lieferant den Auftrag an.

5 Der _____ geht mit der Ware zum Kunden.

6 Mit der _____ fordert der Lieferant Zahlung.

2 Welches Verb kann man *nicht* mit dem Nomen benutzen? Streichen Sie es.

1 einen Kunden beraten / empfangen / anrufen / bestellen
2 Produkte entwickeln / anfertigen / verkaufen / beobachten
3 eine Anfrage entgegennehmen / beantworten / geben / bearbeiten
4 ein Angebot erstellen / angeben / einholen / machen
5 einen Auftrag einstellen / annehmen / bestätigen / erhalten
6 Liefertermine überwachen / festlegen / beraten / vereinbaren
7 die Ware ausliefern / besprechen / prüfen / lagern
8 neue Mitarbeiter suchen / einstellen / auswählen / planen

Grammatik

B Stellen Sie Fragen, die zu diesen Antworten passen.

1
1 A: _____?
   B: Ich bin für die Kundenbetreuung verantwortlich.

2 A: _____?
   B: Meine Arbeit besteht vor allem in der Auftragsabwicklung.

3 A: _____?
   B: Ich befasse mich mit Werbung.

4 A: _____?
   B: Wir haben über die Reklamationen gesprochen.

5 A: _____?
   B: Im Moment arbeite ich an einem Auftrag von der Firma Schultz.

6 A: _____?
   B: Ich freue mich auf das Wochenende.

2 Stellen Sie Fragen, die zu den vorgegebenen Antworten passen.

1 (sich besonders freuen) _____?
Auf die Ferien.

2 (gerade spielen) _____?
Mit der Playstation.

3 (fragen) _____?
Nach dem Preis.

4 (sich interessieren) _____?
Für Informatik.

5 (zweifeln) _____?
An seinem Erfolg.

6 (sich kümmern) _____?
Um das Angebot.

7 (sich ärgern) _____?
Über die Rechnung.

8 (sich handeln) _____?
Um eine wichtige Bestellung.

3 Stellen Sie Fragen zu den unterstrichenen Satzteilen mit Hilfe eines Präpositionaladverbs oder mit Präposition + Fragewort.

1 Er spricht über das neue Firmenorganigramm.
_____.

2 Ihr sprecht über die neue Praktikantin.
_____?

3 Sie warten auf ihren Buchhalter.
_____?

4 Ich warte immer noch auf den Bus.
_____?

5 Dieses Angebot ist für Herrn Skocik.
_____?

6 Das Geld ist für ein neues Auto.
_____?

7 Sie kommen mit dem Flugzeug.
_____?

8 Frau Leuthard kommt mit ihrem Buchhalter zum Termin.
_____?

9 Du bist mit der Arbeit fertig.
_____?

10 Unser Chef ist gegen diese Idee.
_____?

Bei der Arbeit

4 Beantworten Sie die Fragen mit Präpositionaladverbien oder mit Präpositionen + Pronomen.

1 Wartest du auf deinen Freund?
Ja, _____

2 Nehmen Sie am Kongress teil?
_____

3 Sitzt er neben Klaus?
_____

4 Steht der Tisch neben dem Schrank?
_____

5 Gehört dieses Teil zum Fotokopierer?
_____

6 Haben Sie schon von dieser Geschichte gehört?
_____

7 Sind Sie für die Personalabteilung zuständig?
_____

8 Hast du dich auf die Prüfung vorbereitet?
_____

9 Ärgert ihr euch oft über diesen Mitarbeiter?
_____

10 Passt diese Krawatte zu meinem Hemd?
_____

5 Ergänzen Sie die folgenden Sätze mit einem Präpositionaladverb, einer Präposition oder einem Pronomen.

1 _____ will er uns erzählen? _____ seinen Ferien? _____ hat er uns schon hundertmal erzählt.

2 _____ willst du sprechen? _____ Karl? _____ solltest du dringend sprechen!

3 _____ sollte ich denken? _____ die Zeitung? _____ habe ich aber nicht gedacht.

4 _____ soll ich antworten? _____ seine Frage? _____ kann ich aber nicht antworten.

5 _____ ist das Geschenk? _____ deine Mutter? _____ hättest du etwas Schöneres kaufen können.

6 _____ sprichst du? _____ deinem Chef? _____ solltest du nicht so sprechen!

7 _____ soll ich anfangen? _____ meinen Bericht. _____ will ich aber nicht anfangen.

8 _____ soll mich das erinnern? _____ Frau Köhler? _____ erinnert mich das gar nicht.

9 _____ wartest du denn? _____ deinen Kollegen? _____ kannst du noch lange warten!

6 Ergänzen Sie mit Reflexivpronomen.

1 Ich unterhalte _____ gern mit Frau Luther.

2 Wir streiten _____ um den Wagen.

3 Er fühlt _____ gut.

4 Sie regt _____ über ihren Direktor auf.

5 Ihr interessiert _____ für Musik.

6 Ich setze _____ auf einen Stuhl.

7 Du wäschst _____ die Hände.

8 Sie befassen _____ mit Marketing.

9 Ich sehe _____ einen interessanten Bericht an.

10 Hast du _____ entschieden?

7 Setzen Sie die Reflexivpronomen ein.

1 A: Und was macht diese Abteilung?

B: Das ist die Konstruktionsabteilung. Hier befassen wir 1) _____ mit der Entwicklung von Prototypen. Und hier ist Frau Gurtner, sie wird 2) _____ um Sie kümmern.

2 A: Frau Binder, wo ist die Zeichnung von Modell GX3?

B: Ach, ich habe sie irgendwohin gelegt, aber ich kann 3) _____ nicht erinnern!

3 A: Schon wieder kein Papier für den Kopierer. Jetzt werde ich 4) _____ mal beschweren!

B: Warum regen Sie 5) _____ immer so auf? Es ist wahrscheinlich im Schrank!

4 A: Tut mir leid, aber heute muss ich Überstunden machen.

B: Aber heute ist doch Peters Geburtstag und du weißt doch, wie sehr 6) _____ die Kinder auf den Kinobesuch freuen!

A: Mensch, das habe ich ganz vergessen. Also gut, ich werde 7) _____ beeilen!

B: Ja, beeil 8) _____ wirklich, sonst kommen wir zu spät.

8 Stellenbeschreibung: Schreiben Sie, was Ihre Funktion in der Firma ist, wofür Sie verantwortlich sind und worin Ihre Arbeit besteht.

5.5 Wortschatz

die Einstellung (zur Arbeit)

verhandeln über + Akk.

selbstständig/selbständig

langweilig

abwechslungsreich

übernachten

das Arbeitsklima

hassen

der Faktor, -en

wichtig

die Eigenschaft, -en

die Meinung, -en
meiner Meinung nach

der Vorgesetzte, -n

die Zusammenarbeit

verbessern

nützlich

unabhängig

beeinflussen

ähnlich

aktuell

zugänglich

gutmütig

humorvoll

intelligent

flexibel

höflich

genau

teamfähig

hilfsbereit

ehrgeizig

geduldig

zuverlässig

fair

einsatzbereit

sympathisch

gelassen

freundlich

konkurrieren

gegenseitig

aufteilen

miteinander

herrschen

gespannt

unterstützen

5.5 Sprachmuster

Über die Einstellungen zur Arbeit und das Arbeitsklima sprechen
Ich mache gern/nicht gern …
Ich nehme gern/nicht gern an … teil.
Ich arbeite gern/nicht gern am Computer/im Büro.
Am besten gefällt mir die selbstständige Arbeit.
Routinearbeit mag ich nicht.
Ein Vorgesetzter/Kollege/… sollte zugänglich/teamfähig/hilfsbereit/… sein.
Wir arbeiten gut zusammen.
Man hilft sich gegenseitig.
Wir versuchen, die Arbeit selbstständig aufzuteilen.
Man kann die Kollegen um Rat fragen.
Wir konkurrieren fast immer miteinander.
Meist herrscht ein gespanntes Klima.
Das Arbeitsklima ist (nicht) sehr gut.

5.5 Übungen

A   Wortschatzarbeit

1   Setzen Sie ein passendes Adjektiv aus dem Kasten ein.

ehrgeizig	flexibel	sympathisch	gelassen	hilfsbereit

1 Er ist ein sehr angenehmer Mensch, alle Kollegen mögen ihn.

   Er ist _____.

2 Sie denkt nur an Erfolg, sie möchte in allem die Beste sein.

   Sie ist _____.

3 Sie macht auch Überstunden und unterstützt andere Kollegen.

   Sie ist _____.

4 Man kann immer zu ihm gehen, wenn man ein Problem hat oder Rat braucht.

   Er ist _____.

5 Sie hat immer gute Laune, sie regt sich nie über Kleinigkeiten auf.

   Sie ist sehr _____.

B   Grammatik

1   Schreiben Sie über Ihre Arbeit. Sagen Sie, ob Sie Ihre Arbeit mögen oder nicht, warum die Arbeit Ihnen gefällt oder nicht, was Sie gern oder nicht gern machen.

Kapitel 6
Messen und Veranstaltungen

6.1 Wortschatz

vertreten
er vertritt, vertrat, hat vertreten

der Stern, -e

die Buchung, -en

buchen

suchen

die Tiefgarage, -n

die Parkmöglichkeit, -en

öffentlich

das Parkhaus, ¨-er

das Einzelzimmer, -

das Doppelzimmer, -

zentral

ruhig

sich befinden
er befindet sich, befand sich, hat sich befunden

die Gehminuten (Pl.)

entfernt

das Internet

der Internetanschluss, ¨-e

ausstatten

gemütlich

die Bar, -s

verfügen über + Akk.

einrichten

geschmackvoll

schalldicht

das Hallenbad, ¨-er

empfehlen
er empfiehlt, empfahl, hat empfohlen

wählen

der Vorteil, -e

begleiten

der Teil, -e

inbegriffen

die Bestätigung, -en

ändern

der Unfall, ¨-e

krank

verhindert sein

das Hotelverzeichnis, -se

entnehmen
er entnimmt, entnahm, hat entnommen

der Hauptbahnhof

die Haltestelle, -n

die Nacht, ¨-e

der Schreibtisch, -e

inklusive

betragen
er beträgt, betrug, hat betragen

einchecken

im Vergleich zu + Dat.

der Aufenthalt, -e

die Broschüre, -n

kostenlos

die Nähe

die Rezeption

6.1 Sprachmuster

Sich über ein Hotel informieren und ein Hotel empfehlen
Wie weit ist das Hotel vom Hauptbahnhof entfernt?
Wie sind die Zimmer ausgestattet?
Wie viel kostet ein Einzel-/Doppelzimmer?
Ich möchte ein Drei-/Vier-/Fünf-Sterne-Hotel.
Unser Hotel ist ein Drei-/Vier-/Fünf-Sterne-Hotel.
Das Hotel ist 5 Gehminuten vom Hauptbahnhof.
Das Hotel liegt zentral/in ruhiger Lage.
Die Zimmer sind mit Bad/Dusche/TV/Internetanschluss ausgestattet.
Das Frühstück ist (nicht) im Preis inbegriffen.
Der Preis ist inklusive Frühstücksbüffet/Vollpension/Halbpension.

Ein Hotelzimmer reservieren und bestätigen
Ich möchte ein Zimmer reservieren/buchen.
Auf den Namen Bohrer/die Firma Schaller.
Ich brauche vom 5. März bis zum 7. März ein Doppelzimmer.
Haben Sie da noch etwas frei?
Haben Sie vom 5. März bis zum 8. März noch ein Zimmer frei?
Ich brauche das Zimmer für 2 Nächte.
Können Sie mir die Reservierung bitte schriftlich/per Fax/per E-Mail bestätigen?
Ja, da ist noch ein Doppelzimmer/Einzelzimmer frei.
Für wie viele Nächte?
Tut mir leid, zu diesem Termin haben wir nichts mehr frei/sind wir ausgebucht/ist alles belegt.
Auf welchen Namen darf ich das Zimmer reservieren?
Ich schicke Ihnen eine Bestätigung per Post/per Fax/per E-Mail.

6.1 Grammatik

Adjektive bei Nomen ohne Artikel

Adjektive bei Nomen ohne Artikel nehmen folgende Endungen an:

Singular	Maskulin	Feminin	Neutrum	Plural
Nominativ	-er	-e	-es	-e
Akkusativ	-en	-e	-es	-e
Dativ	-em	-er	-em	-en
Genitiv	-en	-er	-en	-er

*Nach **Nomen ohne Artikel** nehmen die Adjektive die Endungen des **bestimmten Artikels** (der, die, das, dem, den, ...) an. Ausnahmen sind der Genitiv Singular maskulin (**-en**) und Neutrum (**-en**).*

*Dies gilt auch bei **Mengenangaben** (zwei, zehn usw.), **unbestimmten Pronomen** (einige, mehrere, viel, wenig) und den Ausdrücken **ein paar** und **allerlei**.*

Wir wollen *neue* Kunden gewinnen.
Neue Modelle sind teurer.
Im Katalog finden Sie *neue* Produkte.
Neuen Kunden geben wir ein Geschenk.
Wir treffen morgen *neue* Kunden.
Ich reserviere zwei *große* Tische.

Gute Qualität ist bei uns Standard.
Wir haben schon Bestellungen von *vielen* Kunden.
Einigen Kunden haben wir ein Probeexemplar geschickt.
Wir brauchen *mehrere* Zimmer.
Wir treffen uns mit ein paar *wichtigen* Kunden.
Sind Sie mit den vier *kleinen* Zimmern zufrieden?

6.1 Übungen

A Wortschatzarbeit

1 Man kann folgende Adjektive benutzen, um ein Hotel zu beschreiben. Welche Adjektive passen zu den Nomen?

verkehrsgünstig	gemütlich	ruhig
individuell	stimmungsvoll	modern
international	regional	aufmerksam
professionell	erstklassig	stilvoll
zentral	bequem	angenehm

1 die Lage

2 die Ausstattung

3 die Atmosphäre

4 die Küche/das Essen

5 der Service

2 Frau Hauser (K) von der Firma Meier ruft das Hotel Regina (E) in Stuttgart an, um eine Reservierung zu machen. Sie braucht zwei Einzelzimmer und zwei Doppelzimmer mit Bad oder Dusche. Der Anreisetag ist der 8.6. und der Abreisetag ist der 10.6.
Ergänzen Sie das Gespräch mit Hilfe der Informationen im Hotelprospekt.

REGINA HOTEL STUTTGART

Heinrich-Heine-Straße 42–44, D-70176 Stuttgart
Telefon 0711/73 14 6-0, Telefax 0711/73 14 64-2

Zimmeranzahl: 60   **Anzahl der Betten: 112**
Alle Zimmer mit Bad oder Dusche, WC, TV, Radio, Telefon, Minibar

TARIF
EINZELZIMMER   Euro 80,–/90,–
DOPPELZIMMER   Euro 120,–/140,–
TIEFGARAGE   Euro 7,– pro Tag

- Frühstücksbüffet, Bedienung und MwSt. im Preis inbegriffen

- S-Bahn-Anschluss 5 Gehminuten vom Hotel

Wir freuen uns auf Ihren Besuch und wünschen einen angenehmen Aufenthalt.

E Regina Hotel Stuttgart, guten Tag.

K Guten Tag, hier _____.

   Ich brauche _____ und _____

   in der _____ Juniwoche. Haben Sie da _____?

E Moment, ich _____. ... Ja, das geht.

K Gut. Und _____ die Zimmer?

E Die Einzelzimmer kosten 80,– _____ 90,– Euro pro _____. Die Doppelzimmer

   _____ bis _____ Euro.

K Sind die Preise _____ Frühstück?

E Ja, das _____, die _____ und die _____

   sind im Preis _____.

K Okay. Und haben alle Zimmer _____?

E Ja, natürlich.

K Gibt es _____ in der Nähe? Zwei Gäste werden nämlich mit dem Auto

   ankommen.

E Ja, wir haben eine _____, die kostet 7 Euro pro Tag.

K Gut. Ich möchte also die Zimmer _____.

E Auf welchen _____ bitte?

K Meier, das ist der _____. Die Namen der Gäste kann ich Ihnen jetzt noch

   nicht geben. Können Sie die Reservierung per Fax _____?

E Natürlich, _____ Hauser, das mache ich noch heute.

K Noch eine Bitte. Können Sie mir _____, wie man vom Bahnhof zum Hotel findet?

E Am besten _____ ich Ihnen unsere Broschüre. Drin ist ein _____,

   auf dem die Lage unseres Hotels markiert ist.

3 Das Hotel schickt Frau Hauser eine schriftliche Bestätigung per Fax. Lesen Sie den Text und ergänzen Sie die fehlenden Informationen.

TELEFAX   REGINA-HOTEL STUTTGART
                                           Heinrich-Heine-Straße 42–44
                                           D-70176 Stuttgart
                                           Telefon 0711/73 14 6-0
An: _____   Telefax 0711/73 14 64-2

Von: _____

Betrifft: _____   Stuttgart, 1.6.20..

Sehr _____

Wir bedanken uns für Ihr Interesse an unserem Hotel und _____ Ihre Reservierung wie folgt:

_____ Einzelzimmer mit Dusche/WC   zum _____ von € 80 pro _____ / pro Zimmer

zwei _____ mit Bad/WC   zum _____ von € 140 pro _____ / pro Zimmer

Der Zimmerpreis ist inklusive _____
_____

Anreise: _____ 20..

_____: 10.6.20.. für 2 _____

Bitte berücksichtigen Sie, dass die Zimmer am Anreisetag ab 14 Uhr zur Verfügung stehen. Im Falle einer Spätanreise bitten wir um telefonische Benachrichtigung, da die Zimmer nur bis 18 Uhr freigehalten werden.
Bei Rückfragen stehen wir Ihnen jederzeit gerne zur Verfügung.

Wir freuen uns auf Ihren Besuch und wünschen Ihnen schon heute eine angenehme Anreise.

                                           Mina Hoffer
                                           Regina Hotel

B **Grammatik**

1 Notieren Sie zu allen Adjektiven und unbestimmten Pronomen, die ein Nomen begleiten, den Fall.

1 Wir wollen *neue* Kunden gewinnen.   _____

2 *Neue* Modelle sind teurer.   _____

3 Im Katalog finden Sie *neue* Produkte.   _____

4 *Guten* Kunden geben wir ein Geschenk.   _____

5 Wir treffen morgen *neue* Kunden.   _____

6 Ich reserviere zwei *große* Tische.   _____

7 *Gute* Qualität ist bei uns Standard.   _____

8 Wir haben schon Reservierungen von *vielen* Kunden.   _____

9 *Einigen* Kunden haben wir ein Probeexemplar geschickt.   _____

10 Wir buchen *mehrere* Zimmer.   _____

11 Wir treffen uns mit ein paar *wichtigen* Kunden.   _____

12 Sind Sie mit den vier *kleinen* Zimmern zufrieden?   _____

Messen und Veranstaltungen

2 Ergänzen Sie die Endungen der Adjektive.

a) **Hotel Gloria** in ruhig…… Lage am Stadtrand, Restaurant mit erstklassig…… Küche, überdacht…… Terrasse mit Blick auf den See, groß…… Tagungsräume, hoteleigen…… Parkhaus.

b) **Zu vermieten:** 4½-Zimmer-Wohnung in ruhig……, sonnig…… Lage mit schön…… Blick auf den See; vier groß…… Räume, klein…… Garten. Monatlich € 1460,- zuzüglich HZ/NK.

c) **Al pescatore,** klein…… Restaurant mit schön…… Terrasse direkt am See. Genießen Sie in gemütlich…… Atmosphäre hausgemacht…… Spezialitäten. Reich…… Auswahl an frisch…… Speisen, Rezepte „alla mamma". Tischreservierung von Vorteil: 079 634 28 28

d) **Gesucht!** Jung……, dynamisch…… Sekretärin (22-27 Jahre) mit perfekt…… Sprachkenntnissen in Deutsch und Englisch, Italienisch mündlich von Vorteil. Unregelmäßig…… Arbeitszeiten, SA/SO frei. Arbeit in international…… Anwaltskanzlei im Raum Bonn.
Interessentinnen melden sich unter Chiffre 33417.

e) **Jung**…… **Mann,** 35, 1,85 m, mit schwarz…… Haar und grün…… Augen, sucht jung…… Frau, mit schlank…… Figur und lang…… Haar. Mag klassisch…… Musik, französisch…… Filme, Sport und lang…… Reisen. Traumfrauen melden sich unter Chiffre 131912.

3 Ergänzen Sie die Endungen. Bei einigen Adjektiven ist keine Endung einzusetzen!

1 Telefonisch_____ Reservierungen bitten wir schriftlich_____ zu bestätigen.
2 Wir suchen zwei klein_____ Einzelzimmer zu billig_____ Preisen.
3 Das Hotel „Rose" ist ein 4-Sterne-Hotel mit groß_____ und gemütlich_____ Garten.
4 Unser Hotel bietet: geheizt_____ Hallenbad, kostenlos_____ Parkplatz und zentral_____ Lage.
5 Die Zimmer sind geschmackvoll_____ eingerichtet und haben modern_____ Flachbildschirme.
6 Wir führen Zimmer in verschieden_____ Preiskategorien.
7 Unser Hotel verfügt über modern eingerichtet_____ Zimmer und schalldicht_____ Fenster.
8 Geändert_____ Buchungen bestätigen wir immer per Fax.
9 Lea mag gemütlich_____ Terrassen, klein_____ Bars, mit interessant_____ Leuten diskutieren, international_____ Atmosphäre und schick_____ Boutiquen.
10 Gibt es hier in der Nähe öffentlich_____ Parkhäuser?
11 Suche Arbeitsplatz in international_____ Unternehmen!
12 Nächst_____ Haltestelle: CeBIT Messeeingang Ost, bitte aussteigen!
13 An der CeBIT stellen viele Firmen mit bekannt_____ Namen neu_____ Produkte vor.
14 Erholen Sie sich bei musikalisch_____ Unterhaltung an unserer Hotelbar.
15 Weiter_____ Parkmöglichkeiten finden Sie im öffentlich_____ Parkhaus gleich neben dem Hotel.

6.2 Wortschatz

der Fahrplan, ¨-e

die Fahrzeit, -en

die Zugverbindung, -en

von

nach

über

bis zu + Dat.

der Zugtyp, -en

der ICE (Intercityexpress)

IC (Intercity)

sich erkundigen nach + Dat.

die Einzelheit, -en

die Abfahrt, -en

ankommen*

abfahren*

die Ankunft, ¨-e

die Hinfahrt

die Rückfahrt

die Anschlussverbindung, -en

hin und zurück

einfach

die Fahrkarte, -n

der Schalter, -

das Gleis, -e

ankündigen

das Gleis, -e

die Gleisänderung, -en

die Durchsage, -n

umsteigen*
er steigt um, stieg um, ist umgestiegen

einsteigen*
er steigt ein, stieg ein, ist eingestiegen

aussteigen*
er steigt aus, stieg aus, ist ausgestiegen

Klasse

der Fensterplatz, ¨-e

der Gangplatz, ¨-e

zurücktreten*
er tritt zurück, trat zurück, ist zurückgetreten

zu Fuß

6.2 Sprachmuster

Am Bahnhof
Ich möchte von Hamburg nach Berlin fahren.
Wie fahre ich da am besten?/Können Sie mir bitte eine schnelle Verbindung suchen?
Ich hätte gern eine Fahrkarte von München nach Stuttgart.
Hin- und zurück?/Einfache Fahrt?
Wann wollen Sie fahren?/ Um wie viel Uhr wollen Sie fahren?
Der Zug fährt um 9:30 Uhr ab und kommt um 12:23 Uhr an.
Ist das eine direkte Verbindung?
Muss ich umsteigen?/Wo muss ich umsteigen?/Wie oft muss ich umsteigen?
Sie müssen in Kassel umsteigen./Sie müssen zweimal umsteigen.
Von welchem Gleis fährt der Intercity nach Saarbrücken ab?
Der ICE nach Mannheim fährt heute von Gleis 3 ab.
Ist der Zug aus Hamburg pünktlich?
Der Intercity hat leider 20 Minuten Verspätung.
Ich hätte auch gern eine Platzreservierung.
Wollen Sie im Abteil/im Großraumwagen/am Fenster/am Gang sitzen?
Wann fährt der nächste Zug nach Freiburg?
Um 14:27 Uhr von Gleis 7.
Wie oft fährt ein Zug nach …?
Alle 2 Stunden fährt ein ICE./Jede halbe Stunde gibt es eine Verbindung nach …

6.2 Grammatik

Temporaladverb *wie oft ...?*

*Die Frage **Wie oft ...?** kann beantwortet werden, indem man eine bestimmte oder unbestimmte Angabe macht.*

Bestimmte Angabe
Man benutzt die folgenden Ausdrücke, die im Akkusativ stehen:
jede (halbe) Stunde
jeden Tag/jede Woche/jeden Monat/jedes Jahr
alle dreißig/sechzig Minuten
alle zwei Stunden
alle vierzehn Tage

Es gibt auch die Möglichkeit, das Suffix **-lich** an die Zeitangabe anzuhängen, zum Beispiel:
stündlich, täglich, wöchentlich, monatlich, jährlich

Man kann außerdem sagen: **einmal in der Woche/im Monat/im Jahr**

Unbestimmte Angaben
Die folgenden Adverbien werden gebraucht:
nie, selten, ab und zu, manchmal, oft, häufig, gewöhnlich, regelmäßig, immer, ständig

---

Nebensätze (Teilsätze)

Frank besucht viele Messen, **weil er** das neue Produkt **vorstellen** will.
Die Sekretärin kümmert sich um die Bestellungen, **während der Praktikant** das Büro **aufräumt**.
Wenn du am Bahnhof **ankommst**, ruf mich an.

Funktion: Nebensätze ergänzen einen Hauptsatz. Konjunktionen stellen oft die Verbindung zwischen Haupt- und Nebensatz her.

Satzstruktur: Im Nebensatz steht das Subjekt nach der Konjunktion und das konjugierte Verb am Ende. Bei trennbaren Verben ist das Präfix am Verb, wie beim Infinitiv. Die Wortstellung in der Satzmitte ist wie beim Hauptsatz. Zwischen **Haupt- und Nebensatz** steht ein **Komma**.
Wenn der Nebensatz vor dem Hauptsatz steht, ist das Verb im Hauptsatz auf Position 1 und das Subjekt auf Position 2.

Konjunktionen: Konjunktionen verbinden Wörter, Wortgruppen oder Nebensätze (Teilsätze) und stellen sie in ein bestimmtes Verhältnis zueinander.

Temporalsatz

als	_____	Als ich jung war, arbeitete ich ein Jahr in Berlin.
wenn	_____	Wenn Herr Bär ankommt, holen Sie ihn bitte ab.
bevor	_____	Bevor Herr Borer ins Büro geht, frühstückt er.
nachdem	_____	Sie geht nach Hause, nachdem sie alles erledigt hat.
seitdem	_____	Seitdem er einen Computer hat, surft er oft im Internet.
während	_____	Sie kann keine Musik hören, während sie arbeitet.
bis	_____	Wir warten, bis die Sitzung zu Ende ist.
solange	_____	Solange ich in Bonn bin, wohne ich im Hotel Baum.
sobald	_____	Ruf mich an, sobald du fertig bist!

Kausalsatz

da	_____	Da ich müde bin, bleibe ich zu Hause.
weil	_____	Ich bleibe zu Hause, weil ich müde bin.

Konditionalsatz

wenn	_____	Wenn du Lust hast, können wir ins Kino gehen.
falls	_____	Falls du Hilfe brauchst, ruf mich an.

Finalsatz

damit	_____	Sie tut alles, damit sie Karriere macht.
sodass	_____	Er beeilt sich, sodass sie pünktlich zur Arbeit kommt.

Konzessivsatz

obwohl	_____	Er geht arbeiten, obwohl er krank ist.

Modalsatz

indem	_____	Helene will schneller Deutsch lernen, indem sie Intensivkurse nimmt.

Weitere Nebensätze: Relativsatz (Grammatik 4.1, Seite 69), indirekte Frage (Grammatik 1.2, Seite 11), indirekte Aussage (Grammatik 1.4, Seite 18), Infinitivsatz (Grammatik 4.5, Seite 90, und 6.5, Seite 150)

Konjunktionaladverbien

*Einige Adverbien verbinden Hauptsätze, sie werden deshalb **Konjunktionaladverbien** genannt.*

trotzdem	_____	Er ist krank, trotzdem geht er arbeiten.
also	_____	Er ist müde, also geht er sofort ins Bett.
deshalb (daher, darum, deswegen)	_____	Er hat ein Problem, deshalb spricht er mit seinem Chef.
sonst	_____	Ich muss mich beeilen, sonst verpasse ich das Flugzeug.

Die Konjunktionaladverbien stehen auf Position 1, das Verb auf Position 2 und das Subjekt auf Position 3.

Er hat viel Arbeit, **deshalb** arbeitet er heute länger.

Sie können auch auf Position 3 stehen:

Er hat zu viel Arbeit, er arbeitet **deshalb** heute länger.

6.2 Übungen

A Grammatik

1 Ersetzen Sie die Zeitangabe durch ein Wort mit dem Suffix -lich und beginnen Sie den Satz mit dem unterstrichenen Teil.

1 Ich erhalte die „Handelszeitung" jede Woche.
_____

2 Der Bus fährt jede Stunde.
_____

3 Die Konferenz findet jedes Jahr in Hannover statt.
_____

4 Wir müssen jeden Monat einen Bericht an die Geschäftsleitung schicken.
_____

5 Jeden Tag hat unsere Sekretärin Probleme mit dem Computer.
_____

B

1 Ergänzen Sie die Sätze mit „als" oder „wenn".

1 _____ ich Kind war, wollte ich Arzt werden.

2 _____ sie ankam, waren alle schon weg.

3 _____ der Trainee etwas nicht weiß, fragt er den Geschäftsleiter.

4 _____ er aus dem Hause kam, regnete es.

5 _____ ich Sie richtig verstehe, soll ich jetzt diese Arbeit fertig machen.

6 _____ er gestern zur Arbeit ging, passierte etwas Komisches.

2 Ergänzen Sie die Sätze mit „damit" oder „weil".

1 Morgen kann ich leider nicht kommen, _____ ich einen Termin habe.

2 Sie geht zum Friseur, _____ sie heute Abend schön aussieht.

3 Ich will den Termin mit Luisa absagen, _____ ich noch Zeit für mich habe.

4 _____ er regelmäßiger an die frische Luft kommt, hat sich Herr Kranz einen Hund gekauft.

5 Sie braucht das Auto fast nie, _____ sie zu Fuß zur Arbeit gehen kann.

6 Er kommt zu spät, _____ er noch einen Freund getroffen hat.

3 Bilden Sie Nebensätze mit „weil" oder „obwohl".

1 Seine Arbeit gefällt ihm, – keine Freizeit mehr haben.

2 Meine Arbeit gefällt mir, – einen schönen Beruf haben.

3 Ihre Arbeit gefällt ihr, – schwer arbeiten müssen.

4 Ich bin unzufrieden, – schlechte Arbeitszeiten haben.

5 Wir sind zufrieden, – wenig Geld verdienen.

6 Sie sind zufrieden, – am Wochenende arbeiten müssen.

7 Er fühlt sich müde, – viel Arbeit haben.

8 Sie arbeitet nicht gut, – keine Lust haben.

4 Vervollständigen Sie die Sätze mit „wenn", „ob" oder „wann".

1 Können Sie mir sagen, _____ Herr Braun zu erreichen ist?
2 Bitte fragen Sie Frau Winkler, _____ die Lieferung schon eingetroffen ist.
3 _____ Sie eine Telefonnummer brauchen, rufen Sie die Auskunft an.
4 Ich weiß nicht, _____ Herr Meyer im Büro ist.
5 Er weiß nicht, _____ sein Pass noch gültig ist.
6 _____ Gisela auch mitkommt, sind wir zu fünft.
7 Sag mir so bald wie möglich, _____ du kommen kannst oder nicht.
8 _____ Maria die Stelle kriegt, braucht sie das Auto nicht mehr. Sie kann zu Fuß zur Arbeit gehen.

5 Ergänzen Sie die Sätze.

bis	seitdem	bevor	nachdem	solange
obwohl	sobald	während	da	wenn

1 Ich kaufe noch schnell eine Illustrierte, _____ der Zug abfährt.
2 _____ ich aß, schaute ich mir die „Tagesschau" am Fernsehen an.
3 _____ er mit seinem Kollegen gesprochen hat, ist das Arbeitsklima besser.
4 Du wirst nicht schwimmen gehen, _____ du noch Halsweh hast.
5 _____ wir in Bonn ankommen, haben wir noch eine gute Stunde vor uns.
6 Ruf mich an, _____ du etwas Neues erfährst.
7 Wir müssen hier warten, _____ er uns abholt.
8 Ich werde unsere Wohnung renovieren lassen, _____ ich mit den Kindern die Ferien auf dem Land verbringe.
9 _____ du aus dem Haus gehst, solltest du nicht vergessen, das Licht auszumachen.
10 Wir gehen spazieren, _____ du den Koffer ausgepackt hast.
11 _____ du Hunger hast, gehen wir jetzt schon essen.
12 _____ meine Firma diese Abteilung in 6 Monaten schließt, muss ich schnell eine neue Stelle suchen.
13 _____ ich mit meinem Kollegen sprach, rief Herr Müller an.
14 _____ das Flugzeug startet, können wir noch einen Kaffee trinken.
15 _____ er das Abitur gemacht hat, will er nicht an der Universität studieren.

6 Ergänzen Sie die Sätze. Verwenden Sie jedes Wort nur einmal.

dann	denn	deshalb	weil	dass	wenn

1 Sie will heute nicht mitkommen, _____ sie keine Lust hat.
2 Er sucht eine neue Stelle, _____ schreibt er jeden Tag eine Bewerbung.
3 Sie macht Überstunden, _____ die Chefsekretärin ist krank.
4 Sie ruft ihren Freund an, _____ geht sie ins Café und wartet auf ihn.
5 Ich erinnere mich daran, _____ wir einen Termin ausgemacht hatten.
6 Ich spreche nochmal über das Problem, _____ Frau Schmidt wieder da ist.

6.3 Wortschatz

der Flughafen, ¨-

das Flugzeug, -e

die öffentlichen Verkehrsmittel (Pl.)

der Taxistand, ¨-e

die Alternative, -n

per Anhalter fahren

passen zu + Dat.

der Treffpunkt, -e

das Gepäck

der Mietwagen, -

die Gepäckausgabe

das Gepäckschließfach, ¨-er

der Busbahnhof

der Informationsschalter

wechseln

der Wartesaal, -säle

sich entschließen
er entschließt sich, entschloss sich, hat sich entschlossen

der Mietwagen, -

der Schaden, ¨-

zusätzlich

verbrauchen

der Pass, ¨-e

der Ausweis, -e

sich ausweisen
er weist sich aus, wies sich aus, hat sich ausgewiesen

abgeben
er gibt ab, gab ab, hat abgegeben

durchgehend

das Taxi, -s

knapp

mieten

vermieten

gemeinsam

die Autovermietung, -en

inbegriffen

die Strecke, -n

unbeschränkt

die Spesenabrechnung, -en

übernehmen
er übernimmt, übernahm, hat übernommen

das Navigationssystem, -e (GPS)

das Flugticket, -s

die Fluggesellschaft, -en

6.3 Sprachmuster

Am Flughafen
Gehen Sie zum Lufthansa-Schalter.
Die Maschine ist pünktlich gestartet/gelandet.
Wann landet die Maschine aus Istanbul?
Meine Koffer sind nicht angekommen.
Der Airport-Bus fährt täglich im 15-Minuten-Takt zwischen Hauptbahnhof und Flughafen.
Mit welchen Verkehrsmitteln kommt man zum Hauptbahnhof/zur Messe?
Der Aufzug ist in/außer Betrieb.
Wo kann ich Geld wechseln?
Entschuldigung, wo ist der Treffpunkt/die Tourist-Information?

6.3 Übungen

A   **Wortschatzarbeit**

1 Am Flughafen. Was tun Sie in folgenden Situationen? Ordnen Sie zu.

1	Wenn Ihr Koffer verloren gegangen ist, gehen Sie	**a**	einen Gepäckwagen.
2	Flugtickets bekommen Sie	**b**	in der Post.
3	Direkt vor dem Terminalgebäude ist	**c**	zum Auskunftsschalter.
4	Wenn Sie Ihre Tasche nicht herumtragen möchten, nehmen Sie sich	**d**	die Bushaltestelle.
5	Briefmarken bekommen Sie	**e**	einen Fahrplan.
6	Wenn Sie eine Information brauchen, gehen Sie	**f**	am Verkaufsschalter.
7	Ihr Gepäck bekommen Sie	**g**	zur Gepäcknachforschung.
8	Wenn Sie sich über Verkehrsverbindungen informieren wollen, brauchen Sie	**h**	an der Gepäckausgabe.

2 Gründe für die Wahl einer Fluggesellschaft. Was ist für Sie wichtig? Nummerieren Sie die folgenden Punkte in Rangordnung (1 = sehr wichtig, 12 = nicht wichtig)

☐ moderne Flugzeuge   ☐ freundliches Kabinenpersonal

☐ günstige Abflugzeiten   ☐ Sauberkeit

☐ Pünktlichkeit   ☐ genug Abstand zwischen den Sitzen

☐ freundliches Bodenpersonal   ☐ Zeitungen an Bord

☐ schnelle und effiziente Abfertigung   ☐ gutes Essen an Bord

☐ getrennte Warteräume für Geschäftsreisende   ☐ Gratisgetränke

6.4 Wortschatz

verfolgen + Akk.

folgen + Dat.

der Weg, -e

eintragen + Akk.
er trägt ein, trug ein, hat eingetragen

der Standort, -e

der Kreis, -e

das Opernhaus, ¨-er

der Zoo, -s

das Rathaus, ¨-er

das Museum, die Museen

die Wegbeschreibung, -en

verlassen
er verlässt, verließ, hat verlassen

abbiegen*
er biegt ab, bog ab, ist abgebogen

einbiegen*
er biegt ein, bog ein, ist eingebogen

abfahren
er fährt ab, fuhr ab, ist abgefahren

links

rechts

geradeaus

verfehlen (etwas …)

überlegen

die Richtung, -en

überqueren

entlang + Akk.

laufen*
er läuft, lief, ist gelaufen

rauf

runter

verfehlen

die Geldbuße, -n

die Panne, -n

umweltschädlich

umweltfreundlich

6.4 Sprachmuster

Wegbeschreibung
Wie komme ich am besten zum …/zur …?
Gehen Sie die Straße entlang/runter/hoch/rauf.
Die Firma ist in der Nähe/an der Ecke.
Die Firma ist auf der rechten/linken Seite.
Sie können sie nicht verfehlen.
Nehmen Sie die U7 direkt zum/zur ….
Nehmen Sie die Straßenbahn Nr. … in Richtung ….
Fahren Sie mit dem/der … bis zum/zur ….
Am Marienplatz steigen Sie in die U8 um.
Steigen Sie am Marktplatz/an der Haltestelle … aus.
In welche Richtung fahre ich mit der U-Bahn?
Wie lange dauert die Fahrt?
Gehen Sie hier rechts/links (in die …straße).
Nehmen Sie die erste/zweite Straße rechts/links.
Gehen Sie über die Kreuzung/über die Brücke.
Gehen Sie bis zur Kreuzung, dann ….
Gehen Sie durch den Park.
Gehen Sie am Postamt vorbei.
Nach circa (500 Meter) kommen Sie zu ….
Das sind … Minuten zu Fuß.
Nehmen Sie die Ausfahrt ….
Biegen/Fahren Sie rechts/links ab.
Biegen Sie links/rechts in den Rosenweg ein.
Folgen Sie dem Straßenverlauf für 1,5 km.
Fahren Sie in den Kreisverkehr und verlassen Sie ihn nach der ersten (zweiten) Ausfahrt.

6.4 Grammatik

Orts- und Richtungsangaben *nach, in, zu*

*Die Präpositionen **nach**, **in** und **zu** werden für Orts- und Richtungsangaben verwendet. Es gibt jedoch kleine Unterschiede im Gebrauch.*

Ortsangaben		
in	Städte und Ländernamen ohne Artikel	**Wir wohnen** *in* **Bonn/Spanien.**
in + Dat.	Ländernamen mit Artikel Straßennamen	**Wir wohnen** *in der* **Türkei.** **Sie wohnt** *in der* **Kreuzstraße**
Richtungsangaben		
nach	Städte und Ländernamen ohne Artikel	**Wir fahren** *nach* **Bonn/Spanien.**
in + Akk.	Ländernamen mit Artikel, Gebäude, Straßen	**Wir fahren** *in die* **Türkei.** **Wir gehen** *in den* **Park/***in die* **Kreuzstraße.**
zu + Dat.	Gebäude, Plätze Personen	**Wir fahren** *zum* **Bahnhof.** **Wir fahren** *zu* **Herrn Müller/mir.**

6.4 Übungen

A Wortschatzarbeit

1 Worträtsel: Suchen Sie 15 Wörter zum Thema „unterwegs". (Ä = AE)

B	A	H	N	H	O	F	G	O	G	L	E	S	A
I	F	T	E	I	N	S	T	E	I	G	E	N	U
A	S	H	A	L	T	E	S	T	E	L	L	E	S
U	T	R	B	O	A	X	P	A	E	I	E	S	F
T	A	U	B	B	L	E	D	N	W	I	D	P	A
O	D	T	I	A	U	I	Q	K	E	P	A	U	H
B	T	L	E	G	L	E	I	S	K	L	O	R	R
A	P	O	G	C	T	G	O	T	M	E	R	H	T
F	L	U	E	R	V	K	R	E	U	Z	U	N	G
N	A	U	N	C	H	T	D	L	R	Z	O	X	A
G	N	E	S	A	F	A	H	R	K	A	R	T	E
D	A	F	V	E	R	S	P	A	E	T	U	N	G
S	C	H	A	L	T	E	R	G	L	I	N	E	R
G	E	P	Ä	C	K	W	A	G	E	N	O	N	G

2 Ergänzen Sie die Sätze mit passenden Wörtern aus dem Rätsel.

1 Wenn ihr Koffer sehr schwer ist, nehmen Sie sich einen _____.

2 Wenn Sie mit dem Zug fahren wollen, müssen Sie zum _____ gehen.

3 Bitte _____. Türen schließen automatisch.

4 Wenn man nicht pünktlich ankommt, hat man _____.

5 An der _____ hinter dem Rathaus müssen Sie rechts in die Grimmstraße _____.

6 Im _____ finden Sie alle Sehenswürdigkeiten und auch unser Hotel ist eingezeichnet.

7 Ordnen Sie sich in die rechte _____ ein und nehmen Sie die _____ „Flughafen".

8 „Schwarzfahren", das heißt: Bus oder Bahn fahren ohne _____.

9 Am Flughafen können Sie ein _____ mieten.

10 Der ICE nach Wolfsburg fährt heute von _____ 14 ab.

144

3 Ergänzen Sie die Tabelle mit den folgenden Wörtern.

umweltfreundlich	flexibel	teuer	überfüllt	bequem	schnell
zu langsam	pünktlich	anstrengend	billig	umweltschädlich
praktisch	gefährlich	Stau	Geldbuße	Panne	parken
schlechte Verkehrsverbindungen

	Vorteile	Nachteile
Öffentliche Verkehrsmittel (Zug, Bus, U-Bahn)		
Auto		

4 Wie fahren Sie am liebsten zur Arbeit? Wie reisen Sie am liebsten? Warum? Beantworten und begründen Sie diese Fragen mit Hilfe der Tabelle.

Ich fahre lieber mit dem Auto/mit dem Bus/…, weil/obwohl/aber/…

Ich reise lieber mit dem Auto/mit dem Zug/…, weil/obwohl/aber/…

B Grammatik

1 Setzen Sie die Präpositionen ein.

| zum | zur | nach | an die | in die | in der | in | in den |

1. Wie komme ich am besten _____ Hotel Krone?
2. Wo ist die Haltestelle für den Bus _____ Heidelberg?
3. Der Hauptsitz unserer Firma ist _____ Schweiz.
4. Fahren Sie bis _____ Stadttheater und da fragen Sie noch mal.
5. Wenn Sie _____ Bad Cannstadt wollen, nehmen Sie am besten die U4.
6. Wie komme ich am besten _____ Marienstraße?
7. Wie weit ist es bis _____ Rathaus?
8. Wann fährt der nächste Zug _____ Glückstadt?
9. Wir fahren _____ USA.
10. Gehen Sie geradeaus bis _____ Kreuzung.
11. Komm mich einmal besuchen. Mein Büro ist _____ Rathausgasse.
12. Unser Firmensitz ist nicht _____ Liechtenstein.
13. Die Direktoren unserer Firma reisen morgen zu Gesprächen _____ Türkei.
14. Wir haben Filialen _____ Italien, _____ Deutschland und _____ Türkei.
15. Frau Schumacher muss nächste Woche zur Generalversammlung _____ Tübingen.
16. _____ USA sind die Märkte gesunken.
17. Haben Sie auch Kunden _____ Niederlanden?
18. Ihr fahrt _____ Kongress _____ Jena.
19. Ich bin zur Geschäftseröffnung _____ Leipzig.
20. Fahren Sie _____ Messe _____ Frankfurt?

2 Setzen Sie die Präpositionen ein: „zum", „zur", „in", „in den", „in die" oder „ins".

1. Ich möchte Geschenke für meine Freundin kaufen und gehe _____ Kaufhaus.
2. Er geht _____ Museum und besucht eine interessante Ausstellung.
3. Fahren Sie schnell _____ Museum.
4. Wir fahren zuerst _____ Hotel, dann _____ Messe.
5. Werner geht _____ Café Milano, wo er sich mit Freunden trifft.
6. Herr Borer muss _____ Optiker; seine Brille ist kaputt.
7. Wie komme ich _____ Haltestelle?
8. _____ Hauptbahnhof nehmen Sie am besten die S-Bahn oder ein Taxi.
9. Entschuldigung, wo geht es hier _____ Frühstücksraum?
10. Hallo, kommst du mit uns? Wir gehen _____ Stadtzentrum.
11. Frau Schumacher geht nicht gerne _____ Kantine, sie möchte lieber _____ ein Restaurant.
12. Rachel und Michelle gehen heute _____ Friseur.

Messen und Veranstaltungen

13 Bringen Sie die Post _____ Vertrieb.

14 Können Sie mir sagen, wie ich _____ Kathedrale komme?

15 Bitte treten Sie _____ Büro ein.

16 Hallo Maria, wann fährst du wieder _____ Schweiz?

17 Wollt ihr mit uns kommen? Wir gehen _____ Restaurant.

18 Fährt Frau Borer nicht mit _____ Messe?

19 Was! Schon 17 Uhr. Ich muss noch schnell _____ Post.

20 Den Weg _____ Firma finden Sie leicht. Folgen Sie den Anzeigetafeln.

6.5 Wortschatz

das Logo, -s

die Messe, -n

die Fachmesse, -n

stattfinden

darstellen

erhöhen

ausstellen

der Aussteller, -

die Entscheidung, -en

der Fachmann, die Fachleute

die Anwendung, -en

der Händler, -

das Handwerk

der Handwerker, -

die Wissenschaft, -en

der Kontakt, -e

gewinnen (Kunden …)
er gewinnt, gewann, hat gewonnen

aufnehmen (Kontakt …)
er nimmt auf, nahm auf, hat aufgenommen

knüpfen (Kontakt …)

der Absatz

die Marktnische, -n

entdecken

die Neuheit, -en

steigern

die Konkurrenz

der Konkurrent, -en

beobachten

pflegen

der Stammkunde, -n

herausfinden
er findet heraus, fand heraus,
hat herausgefunden

der Wunsch, ¨-e

das Profil, -e

werben
er wirbt, warb, hat geworben

sammeln
die Akzeptanz
das Sortiment, -e
potenziell
der Lieferant, -en
ersparen
testen
wertvoll
abschließen
er schließt ab, schloss ab, hat abgeschlossen
das Gebiet, -e
das Ausland
der Erfolg, -e
notwendig
der Knotenpunkt, -e
global
führend
die Fläche, -n
die Halle, -n
die Kapazität, -en

6.5 Sprachmuster

Gründe für den Besuch einer Messe verstehen und angeben
Warum stellen Sie auf der Messe aus?
Unser Ziel ist, Marktinformationen zu sammeln.
Wir hoffen, deutsche Vertreter zu finden.
Wir sind hier, um Aufträge zu bekommen.
Wir stellen aus, um Prototypen vorzustellen.
Diese Fachmesse stellt in konzentrierter Form den Weltmarkt dar.

6.5 Grammatik

Finalsätze mit *damit*

Der Finalsatz gibt einen Zweck oder eine Absicht an. Der Nebensatz wird mit der Konjunktion damit eingeleitet.

Wir stellen aus, **damit** wir unseren neuen Prototyp vorstellen können.
Herr Steiner macht alles, **damit** seine Firma Erfolg hat.

Als Ersatz kann die Infinitivkonstruktion mit um ... zu verwendet werden, wenn das Subjekt des Nebensatzes mit dem des Hauptsatzes übereinstimmt.

Wir stellen aus, **um** unseren neuen Prototyp vorstellen **zu** können.

Satzstruktur: um steht am Anfang des Infinitivsatzes und zu vor dem Infinitiv-Verb. Bei trennbaren Verben steht zu zwischen Vorsilbe und Verb.

Wir stellen aus, **um** unseren neuen Prototyp vor**zu**stellen.

ohne ... zu/(an)statt ... zu können wie um ... zu + Infinitiv nur gebraucht werden, wenn das Subjekt des Nebensatzes mit dem Subjekt des Hauptsatzes identisch ist.

Sie trat ins Büro, **ohne** ihre Kollegen und Kolleginnen **zu** begrüßen.
Er beantwortete seine E-Mails, **(an)statt** seine Arbeit **zu** machen.

Präteritum

Wir **lernten** neue Märkte kennen. Die Messe **fand** am 10. Oktober statt.

Das Präteritum wird oft für die Vergangenheit in der geschriebenen Sprache (Berichte, Erzählungen, Meldungen in den Medien) verwendet. Mündlich verwendet man bei haben, sein und den Modalverben fast immer das Präteritum statt des Perfekts.

	Regelmäßige Verben		**Unregelmäßige Verben**	**Mischverben**
	fragen	warten	kommen	denken
ich	frag**te**	wart**ete**	k**a**m	d**a**chte
du	frag**test**	wart**etest**	k**a**mst	d**a**chtest
er/sie/es	frag**te**	wart**ete**	k**a**m	d**a**chte
wir	frag**ten**	wart**eten**	k**a**men	d**a**chten
ihr	frag**tet**	wart**etet**	k**a**mt	d**a**chtet
sie/Sie	frag**ten**	wart**eten**	k**a**men	d**a**chten

	Hilfsverben		**Modalverben***
	haben	sein	können
ich	**hatte**	**war**	**konnte**
du	**hattest**	**warst**	**konntest**
er/sie/es	**hatte**	**war**	**konnte**
wir	**hatten**	**waren**	**konnten**
ihr	**hattet**	**wart**	**konntet**
sie/Sie	**hatten**	**waren**	**konnten**

*Weitere Modalverben: dürfen, sollen, müssen, wollen, mögen.

Passiv

*Das Passiv wird häufig bei Beschreibungen von **Regeln**, **Vorschriften** und **allgemeinen Aussagen** sowie in Zeitungsberichten benutzt oder, wenn nicht wichtig oder unbekannt ist, wer die Handlung ausführt.*

Präsens	er	**wird**	informiert	
Präteritum	er	**wurde**	informiert	
Perfekt	er	**ist**	informiert	**worden**
Plusquamperfekt	er	**war**	informiert	**worden**
Futur I	er	**wird**	informiert	**werden**

Umformung Aktiv ▶ Passiv: Beispiele

Präsens
Der Vater wäscht den Wagen.
Der Wagen **wird** (vom Vater) **gewaschen**.

Präteritum
Der Vater wusch den Wagen.
Der Wagen **wurde** (vom Vater) **gewaschen**.

Perfekt
Der Vater hat den Wagen gewaschen.
Der Wagen **ist** (vom Vater) **gewaschen worden**.

Plusquamperfekt
Der Vater hatte den Wagen gewaschen.
Der Wagen **war** (vom Vater) **gewaschen worden**.

Futur I
Der Vater wird den Wagen waschen.
Der Wagen **wird** (vom Vater) **gewaschen werden**.

Umformung Aktiv ▶ Passiv: Theorie

1. *Man bildet das Passiv-Präsens und das Passiv-Präteritum mit dem Hilfsverb **werden** (wird, wurde) und dem **Partizip Perfekt** des Vollverbs.*
2. *Das Perfekt und Plusquamperfekt des Passivsatzes bildet man mit dem Hilfsverb **sein** + **Partizip Perfekt** des Vollverbs und __worden__. Im Perfekt konjugiert man **sein** im Präsens, im Plusquamperfekt im Präteritum.*
3. *Das Futur I bildet man mit dem Hilfsverb **werden** + **Partizip Perfekt** des Vollverbs und __werden__.*
4. *Das Subjekt des Aktivsatzes wird im Passivsatz zu **von + Dat.** (Verursacher).*
   Beispiel: der Vater ▶ vom Vater
   *Manchmal (Mittel oder Vermittler) setzt man auch **durch + Akk.** statt von + Dat.*
   *Beispiel: Er ist **durch das Amtsblatt** informiert worden.*
5. *Das Akkusativobjekt des Aktivsatzes wird im Passivsatz zum Subjekt (= Nominativ).*
   Beispiel: den Wagen ▶ der Wagen
6. *Steht im Aktivsatz das unpersönliche Pronomen **man**, so wird dieses im Passivsatz nicht übernommen.*
   Beispiel: Man informiert uns. ▶ Wir werden informiert.

Umformung Passiv ▶ Aktiv: Theorie

Fehlt im Passivsatz der Verursacher (von + Dat.), setzt man im Aktivsatz das Pronomen man.

Passiv: In der Schweiz wird normalerweise 42 Stunden pro Woche gearbeitet.
Aktiv: Man arbeitet in der Schweiz normalerweise 42 Stunden pro Woche.

Aktiv/Passiv bei Modalverben

Im Präsens und Präteritum konjugiert man die Modalverben müssen, dürfen, können, wollen, können, mögen + Partizip Perfekt des Vollverbs + werden.

Im Perfekt und Plusquamperfekt verwendet man das Hilfsverb haben + Partizip Perfekt des Vollverbs + werden + Modalverb im Infinitiv.

Im Futur I braucht man das Hilfsverb werden (konjugiert) + Partizip Perfekt + werden + Modalverb im Infinitiv.

Präsens:
Man muss den Brief heute schreiben. ▶ **Der Brief muss heute geschrieben werden.**

Präteritum:
Man musste den Brief heute schreiben. ▶ **Der Brief musste heute geschrieben werden.**

Perfekt:
Man hat den Brief heute schreiben müssen. ▶ **Der Brief hat heute geschrieben werden müssen.**

Plusquamperfekt:
Man hatte den Brief heute schreiben müssen. ▶ **Der Brief hatte heute geschrieben werden müssen.**

Futur I:
Man wird den Brief schreiben müssen. ▶ **Der Brief wird geschrieben werden müssen.**

6.5 Übungen

A Wortschatzarbeit

1 Auf der Messe. Vervollständigen Sie den folgenden Text mit den Wörtern aus dem Kasten.

Besucher	Fachmesse	Konkurrenz	Aufträge
aus	vor	sammelt	werben

Die Firma Marex stellt schon seit 10 Jahren auf der Spoga, der a) _____ für
Sportartikel und Gartenmöbel in Köln, b) _____. Sie nimmt an der Messe teil,
um neue Kunden zu c) _____ und d) _____ zu bekommen.
Sie stellt auch einen neuen Artikel e) _____.
Die Reaktion der f) _____ ist für sie wertvoll. Sie g) _____ auch
Marktinformationen und beobachtet, was die h) _____ macht.

B Grammatik

1 Formulieren Sie Antworten mit „um … zu".

1 Wozu nimmst du den Bus? (schneller ankommen)
_____

2 Wozu gehst du in die Küche? (Kaffee kochen)
_____

3 Wozu hat er den Fernseher angestellt? (sich die Nachrichten ansehen)
_____

4 Wozu gehen Sie in die Buchhandlung? (einen neuen Roman kaufen)
_____

5 Wozu brauchen Sie Ihren Pass? (ins Ausland fahren)
_____

2 Bilden Sie Sätze mit „um … zu" oder „damit".

1 Ich ziehe einen dicken Pullover an / nicht erkälten.
_____

2 Ich schreibe den Kunden / die Rechnung sofort bezahlen.
_____

3 Er geht sofort / pünktlich am Bahnhof sein.
_____

4 Ich nehme ein Schlafmittel / besser schlafen.
_____

5 Ich gebe Heinrich einen starken Kaffee / nicht einschlafen.
_____

6 Er macht die Tür zu / ruhig arbeiten können.
_____

7 Sie lernt Japanisch / in Tokio arbeiten.
_____

8 Ich übe jeden Tag eine Viertelstunde. Das Lernen wird nicht zu anstrengend.
_____

3 Bilden Sie Infinitivsätze mit „um … zu" oder „zu".

1 Ich möchte neue Märkte erschließen.
Ich versuche, _____

2 Ich will neue Kunden gewinnen.
Ich hoffe, _____

3 Wir möchten ein breites Fachpublikum erreichen.
Wir beteiligen uns an der Messe, _____

4 Wir wollen die Reaktionen der Besucher testen.
Wir sind hier, _____

5 Er möchte das Auslandsgeschäft erweitern.
Er plant, _____

6 Wir wollen den Umsatz auf 25 Mio. erhöhen.
Unser Ziel ist, _____

7 Sie möchte einen Termin vereinbaren.
Sie ruft Sie an, _____

8 Wir sollten an der Messe teilnehmen.
Wir beabsichtigen, _____

4   Setzen Sie folgende Aktivsätze ins Passiv. Behalten Sie die Zeitform bei.

1 Wir verfolgen die Entwicklung des Markts sehr genau.

2 Die Fachleute haben die Neuheit dieses Jahr entwickelt.

3 Man hat diesen Trend schon lange beobachtet.

4 Wir nahmen letzte Woche Kontakt mit unseren Stammkunden auf.

5 Viele Besucher aus dem Ausland besuchen die Fachmesse in Hannover.

6 Man hatte den Vertrag mit den Lieferanten schon abgeschlossen.

7 Die Vertreter besuchten die Muba in Basel und die BEA in Bern.

8 Wir pflegen auch Kontakte mit der Konkurrenz.

9 Habt ihr eine Marktnische entdeckt?

10 Unsere Firma lud alle Lieferanten auf die Fachmesse ein.

5 Setzen Sie folgende Passivsätze ins Aktiv. Behalten Sie die Zeitform bei.

1 Unsere Vertretung im Ausland ist von uns regelmäßig informiert worden.
___

2 Eine starke Beteiligung neuer Aussteller wird von uns festgestellt.
___

3 Der Auftrag ist von Herrn Borer unterschrieben worden.
___

4 Die Neuheit war von unserem Fachmann vorgestellt worden.
___

5 Das Produkt wurde erfolgreich getestet.
___

6 Die Entscheidung wird in den nächsten Tagen getroffen.
___

7 Die Firma wird von Frau Sing geleitet.
___

8 Ein interessantes Geschäft ist abgeschlossen worden.
___

9 Viele Aufträge sind von unseren Vertretern abgeschlossen worden.
___

6 Setzen Sie die Passivsätze ins Aktiv und die Aktivsätze ins Passiv. Behalten Sie die Zeitform bei. Wiederholen Sie vorher den Wortschatz 6.1–6.5.

1 Man muss das Hotel heute reservieren.
___

2 Die Firma Xanadu entwickelte ein neues Modell.
___

3 Das Hotel ist von der Sekretärin empfohlen worden.
___

4 Eine Fahrkarte war von Frau Schumacher gekauft worden.
___

5 Ein Kleinwagen wird bei Europcar gemietet.
___

6 Die Durchsage wurde regelmäßig wiederholt.
___

7 Man kündigte eine Verspätung des Fluges LH 661 an.

_____

8 Der Zug von Freiburg nach Basel wird angesagt.

_____

9 Bei der Autovermietung muss ein Ausweis abgegeben werden.

_____

10 Hat Herr Borer einen Wagen in Hannover gemietet?

_____

7 **Unterstreichen Sie im Text „Zum Lesen", im Kursbuch Seite 78, die Verben im Präteritum. Wie heißt die Infinitivform dieser Verben? Vervollständigen Sie die Tabelle.**

regelmäßige Verben	Infinitiv	unregelmäßige Verben	Infinitiv
entwickelten	_entwickeln_	_verlieh_	_verleihen_

157

Lösungen

KAPITEL 1

1.1 A1
die Vorwahl – die Durchwahl – das Ausland – der Anruf – der Anschluss

1.1 A2
die Telefonanlage – die Telefonkarte – die Telefonzelle – die Telefonauskunft – das Telefongespräch – das Telefonnetz – das Telefonbuch

1.1 A3
1) Telefonauskunft
2) Vorwahl
3) Anschluss
4) Telefonzelle
5) Telefonkarte

1.1 B1
1) Wie heißt der Personalleiter?
2) Kann ich Herrn Mosmann sprechen? / Ist Herr Mosmann zu sprechen / Ist Herr Mosmann da?
3) Wann kann ich ihn erreichen?/ Wann ist er wieder im Büro?
4) Wie lange dauert die Sitzung?
5) Wie ist seine Handynummer?
6) Wo ist (befindet sich) das Büro von Herrn Mosmann?
7) Wie ist sein Büro?
8) Wann fährt er nach Belgien? / Wohin fährt er nächste Woche? / Ist er nächste Woche da?

1.1 B2
1) Seid
2) sprechen
3) ruft … an
4) wähle
5) heißt – heißt
6) ist
7) Habt
8) gibt
9) spricht – Sprecht
10) verstehe
11) habe
12) fährt – Fahrt
13) wartet
14) meldet

1.2 A1
1) Ich möchte Herrn Krause sprechen.
2) … er ist im Moment nicht an seinem Platz.
3) Wann kann ich ihn erreichen?
4) Kann ich etwas ausrichten?
5) … ich muss ihn persönlich sprechen.
6) … probieren Sie es in einer halben Stunde wieder.

1.2 A2
1) nur
2) erst
3) erst (= in 2 Tagen oder später) / nur (= in 2 Tagen, nicht an einem anderen Tag)
4) nur
5) erst
6) nur

1.2 B1
1) …, wie der Vertriebsleiter heißt?
2) …, wann der Einführungskurs anfängt?
3) …, wie diese Maschine funktioniert?
4) …, ob Frau Seiler eine Durchwahlnummer hat?
5) …, ob Herr Stern im Versand arbeitet.

1.2 B2
1) von … bis – von … bis
2) am
3) um
4) am – um
5) im
6) –
7) in
8) An

1.2 B3
1) Soll (Kann)
2) Können
3) Wollen
4) Kannst
5) Darf
6) muss
7) mag
8) Darf (Kann)

1.3 A
1) Bestellung
2) Reklamation
3) Bezahlung
4) Lieferung

1.3 B1
1d – 2a / 2e – 3e / 3a – 4b – 5c

1.3 B2
1) wegen
2) Mit
3) mit
4) für
5) am
6) von
7) im
8) um
9) Um
10) zu
11) vor
12) (Da)für
13) am
14) mit
15) am ((Noch auf vorherige Seite))

1.4 A1
1) Ich möchte mit Herrn Schneider sprechen. / Kann ich bitte Herrn Schneider sprechen?
2) … in einer Sitzung.
3) Soll/Kann ich etwas ausrichten?
4) Könnte (Kann) er mich anrufen / zurückrufen, …
5) Hat er Ihre Telefonnummer?
6) …, ich sage Herrn Schneider Bescheid. Auf Wiederhören. / … ich werde es Herrn Schneider ausrichten, auf Wiederhören.

1.4 B1
1) … morgen in Hamburg ist.
2) … Sie besuchen möchte.
3) … (ihn) anrufen / zurückrufen,
4) … bis 17:00 Uhr im Büro ist.

1.4 B2
1) öffnen Sie
2) rufen Sie … an
3) Kaufen Sie
4) Telefonieren Sie
5) Sprechen Sie
6) holen Sie … ab.
7) Fahren Sie
8) seien Sie
1) öffne
2) ruf … an, wenn du … hast
3) Kauf
4) Telefoniere
5) Sprich

158

6) hole ... ab.
7) Fahr
8) sei

1.5 A
S: sprechen – Termin – vereinbaren
R: beschäftigt – besser / gut – Passt
S: passt mir nicht (schlecht) – Vormittag – Termine / Besprechungen – Mittwoch / Donnerstag
R: möglich – recht
S: Termin – Könn(t)en – treffen / sehen – früh
R: passt
S: am – neun – Wiederhören

1.5 B1
1) dreizehnte Oktober / dreizehnte Zehnte
2) dritten Juni / dritten Sechsten
3) sechzehnten März / sechzehnten Dritten
4) einundzwanzigsten ... dreißigsten Juli / einundzwanzigsten Siebten ... dreißigsten Siebten
5) siebten Mai / siebten Fünften

1.5 B2
1) ... ich hatte eine Panne auf der Autobahn.
2) ... etwas dazwischengekommen ist.
3) ... der Computer nicht funktioniert.
4) ... wir im Moment Probleme mit der Produktion haben.
5) ... ich finde die Kollegen sehr nett.

1.5 B3
1) weil
2) dass
3) oder
4) denn
5) aber
6) denn
7) ob
8) und
9) denn (weil)
10) ob

KAPITEL 2

2.1 A1
1) Haben Sie gut (leicht) zu uns gefunden?
2) Gefällt Ihnen das Hotel? / Sind Sie mit dem Hotel zufrieden?
3) Sind Sie zum ersten Mal hier? / Ist es Ihr erster Besuch?
4) Gefällt es Ihnen hier?
5) Kommen Sie aus Frankfurt?
6) Wohnen Sie gern in Frankfurt?

2.1 B1
1) Wie – d
2) Wie – g
3) Wo – e
4) Wann – a
5) Wie – f
6) Woher – b
7) Wie lange – c
8) Was für – h

2.1 B2
1) wart
2) Hattet
3) Warst
4) hatte
5) hatte

2.1 B3
er hat gemacht
ich habe gelesen
du hast getrunken
ihr habt gesprochen
er hat geschrieben
Sie haben gegessen
sie hat telefoniert
du hast angerufen
er hat bekommen
ich habe besucht
wir haben verstanden
er hat ferngesehen
ihr habt gefragt
du hast gehört
ich habe geantwortet
er hat gearbeitet
ihr habt eingekauft
es hat angefangen
du bist aufgestanden
ihr habt geschickt

2.1 B4
1) gekommen
2) gefunden
3) gefahren
4) getrunken
5) geschienen

2.1 B5
1) Sie hat mir die Firma gezeigt.
2) Hat es Ihnen hier gefallen?
3) Herr Siegenthaler hat in Wangen gewohnt.
4) Ihr seid auch mitgekommen.
5) Der Direktor hat ihr einen Brief gegeben.
6) Sie haben sich am Bahnhof getroffen.
7) Die Sekretärin hat die Besucher empfangen.
8) Wir haben den Kunden zum Bahnhof begleitet.
9) Das Flugzeug ist um 10:55 Uhr gelandet.
10) Ihr habt eine E-Mail geschrieben.

2.2 A1
1) zeigen
2) haben
3) abholen
4) bringen
5) schicken
6) hole
7) anbieten
8) brauchen

2.2 B1
1) Könnte ich   e
2) Könnten Sie   d
3) Könnten Sie   a
4) Könnte ich   c
5) Könnten Sie   b

2.2 B2
	Subjekt	Direktes Objekt
1)	Ich, ich	keine Cola, keinen Durst
2)	das Mineralwasser, Sie	Kekse
3)	Frau Simon	ein Glas Orangensaft
4)	Der Kuchen, Sie	ein Stück Kuchen

2.2 B3
1) a) einen   b) keinen
2) c) eine   d) ein
3) e) einen   f) keinen
4) g) einen   h) eine   i) keine
5) j) ein   k) kein

2.2 B4
1) keine
2) keinen
3) keine
4) nicht
5) nicht
6) keinen
7) nicht, keine
8) kein
9) keine / keinen
10) kein, nicht

2.2 B5
1) keine
2) kein
3) nicht
4) nicht
5) nicht
6) Nichts

2.3 A1
1) die Leiterin
2) die Sekretärin
3) die Kauffrau
4) die Vertreterin
5) die Kollegin
6) die Kundin
7) die Angestellte
8) die Auszubildende
9) die Journalistin
10) die Lehrerin

2.3 B1
1) Was macht Max Klein? / Welche Position hat Max Klein (in seiner Firma)?
2) Wo ist seine (die) Firma? / … Hamburg
3) Wie ist die Adresse (von) der Firma? / …, 22045 Hamburg
4) Wie ist seine Telefonnummer?
5) Wo arbeitet Erna Schulz? / … Ernst & Co AG
6) Was ist sie von Beruf? / Was ist ihre Position in der Firma? / … Einkaufsleiterin
7) Wie ist ihre Durchwahlnummer?
8) Wie ist ihre Privatnummer?

2.3 B2
1) a) Ihr b) Mein c) meine
2) d) Ihren e) meinen f) Ihren
3) g) meine
4) h) Ihre i) Meine
5) j) Ihr k) mein

2.3 B3
1) Ihr
2) eure
3) ihre
4) Sein
5) ihr
6) seinen
7) ihre
8) euren

2.3 B4
1) meiner, seiner
2) deins, meins
3) ihre, seine
4) Ihrer, meiner, Ihrer
5) deine, eure, meine, Ihre

2.4 A1
b) acht Uhr zehn – zehn nach acht
c) neun Uhr fünfzehn – Viertel nach neun
d) zehn Uhr fünfundzwanzig – fünf vor halb elf
e) elf Uhr dreißig – halb zwölf
f) zwölf Uhr fünfunddreißig – fünf nach halb eins
g) dreizehn Uhr fünfundvierzig – Viertel vor zwei
h) sechzehn Uhr fünfzig – zehn vor fünf
i) zwölf (Uhr) – Punkt zwölf

2.4 A2
a) 9:30 / 21:30
b) 8:25 / 20:25
c) 01:10 / 13:10
d) 10:45
e) 23:35
f) 11:00 / 23:00

2.4 B1
1) Woher
2) welcher
3) Wie
4) Worüber
5) wer
6) Wann
7) wo

2.4 B2
1) Wann möchte Steffi ins Kino gehen?
2) Wie lange hat Bernd in Berlin gearbeitet?
3) Wie oft fahren die Züge?
4) Wie oft trainiert Thomas?
5) Wie lange hat Sylvia auf den Bus gewartet?
6) Wann kommen die Gäste?
7) Wie oft hat er Deutsch?
8) Wann will mich (dich) Martin besuchen?
9) Wann ist die Kaffeepause?
10) Wie lange dauert der Videofilm?

2.4 B3
1) Draußen steht mein Auto.
2) Den Exportleiter kennen Sie ja schon.
3) Zuerst sehen Sie eine Produktpräsentation.
4) Leider ist Rauchen nicht erlaubt.
5) Das habe ich nicht verstanden.
6) Um 12:30 Uhr essen wir zu Mittag.

Zum Lesen
1) F, Man muss einen Termin für einen Besuch machen. Man muss den Termin bestätigen.
2) F, Die Person, die zum Essen einlädt, bezahlt normalerweise die Rechnung
3) R
4) F, Man kann beim Essen auch über das Geschäft sprechen.
5) R
6) R
7) R
8) F, Im Büro bietet man normalerweise keinen Alkohol an.
9) R
10) R

KAPITEL 3

3.1 A1
1) beschäftigt
2) geschlossen
3) entscheidet sich – ausgezeichnet – angenehm
4) nehmen
5) empfiehlt
6) schmeckt

3.1 B1
1) hätten
2) möchten
3) Würde
4) wäre
5) könnten
6) würde

3.1 B2
1) a) hätte b) könntest
2) c) Möchte
3) d) würde (möchte) e) möchte (könnte)
4) f) hätte g) könnte
5) h) Würde i) wäre
6) j) möchte k) Möchtet
7) l) Würden

3.1 B3
1) Können Sie Herrn Klein morgen mit dem Auto vom Flughafen abholen?
2) Mein Auto ist diese Woche in Reparatur, … / Diese Woche ist mein Auto in Reparatur, deshalb fahre ich morgen mit dem Bus zur Arbeit.
3) Er musste gestern mit dem Taxi zum Büro fahren. / Gestern musste er …
4) Die Atmosphäre im Restaurant hat mir vorgestern gut gefallen. / Vorgestern hat mir die Atmosphäre im Restaurant gut gefallen.

3.1 B4
1) Kann man hier auch fotokopieren?
2) Unsere Vertreter werden Herrn Sulzer morgen früh im Café La Luna treffen.
3) Leider darf man hier nicht rauchen.
4) Zuerst sehen sich die Teilnehmer einen Videofilm an.
5) Ist der Buchhalter morgen wieder im Büro?
6) Emil fährt im Mai für 2 Tage zu einem Seminar.
7) Nächsten Sonntag fliegen wir mit der Lufthansa nach Budapest.
8) Wir fliegen nächsten Sonntag mit der Lufthansa nach Budapest.
9) Heute Abend will ich in meinem Zimmer ruhig fernsehen.
10) Ich will heute Abend in meinem Zimmer ruhig fernsehen.

3.2 A1
1) Können Sie mir etwas empfehlen?
2) Ich esse scharfe Sachen nicht gern.
3) Ich nehme lieber den Rinderbraten.
4) Kann ich bitte die Weinkarte haben?
5) Wir hätten gern den Merlot.
6) Hat es Ihnen geschmeckt?
7) Bringen Sie mir bitte die Rechnung!
8) Zahlen Sie zusammen oder getrennt?

3.2 B1
1) dem / dem / der
2) dem / den / den *oder* dem
3) dem / der / dem / der
4) dem / der
5) einem / einer / den
6) dem / der / dem / einer
7) den / den / den
8) einem / einem / einer

3.2 B2
1) b
2) d
3) a
4) a
5) b
6) d
7) b
8) a
9) c
10) c

3.2 B3
1) Ihnen
2) euch
3) ihm
4) ihnen
5) ihr
6) ihm
7) mir
8) dir

3.3 A1
1) zentral
2) Mietwohnung
3) Wohnzimmer
4) Blick
5) Altstadt
6) Niedrig
7) ausgezeichnet
8) Parken
9) S-Bahn
10) Verkehrsverbindungen

3.3 B1
1) Wohnfläche
2) Stellplatz – Garage
3) schön – keinen Aufzug
4) niedrig – Mietvertrag ist nur für ein Jahr
5) ruhig – Verkehrsverbindungen sind schlecht
6) modern ausgestattet – Kabelanschluss

3.4 A1
1) die Einkommen – steigt (wächst) – Mitglieder
2) Im Trend
3) sich – treffen
4) Die Zahl
5) sinkt – wächst (steigt)
6) Durchschnittlich
7) Freizeitaktivitäten

3.4 B1
1) Ich werde ein paar Tage bei Freunden wohnen.
2) Er wird zwei Nächte in einer Pension schlafen.
3) Du wirst am Strand Volleyball spielen.
4) Vera wird während der Ferien zu Hause bleiben.
5) Wir werden am Dienstag keine Zeit haben.
6) Ihr werdet ein billiges Hotel im Ausland suchen.
7) Susi und du werdet den neuen Kollegen empfangen.
8) Frau Matter, Sie werden ab Freitag hier arbeiten können.

3.4 B2
1) Nächstes Jahr werden wir 280 000 Euro (für die Forschung) ausgeben.
2) Im Sommer werden die Preise (von Rohstoffen) um 5 % steigen.
3) In Zukunft werden viele Angestellte den Firmenbus benutzen.
4) Im August werden wir zehn neue Mitarbeiter einstellen können.

3.5 A1
1) Wohin bist du (sind Sie) verreist/gefahren?
2) Bist du (Sind Sie) mit dem Auto gefahren oder geflogen?
3) Wie lange bist du (sind Sie) in Wien geblieben?
4) Wo hast du (haben Sie) gewohnt?
5) Was hast du (haben Sie) in Wien gemacht?
6) Hat es geregnet?

3.5 B1
1) sind
2) ist
3) bin
4) Haben
5) bin
6) habe
7) habe
8) bin
9) hat
10) haben
11) haben
12) hat

KAPITEL 4

4.1 A 1
Toilettenartikel: Hautcreme, Zahnpasta, Seife, Parfüm
Arzneimittel: Magenmittel, Vitamine, Hustensaft
Kraftfahrzeuge: Lieferwagen, Lastkraftwagen, Motorräder
Haushaltgeräte: Haartrockner, Bügeleisen, Mikrowelle, Kühlschrank
Unterhaltungselektronik: CD-Player
Informationstechnik: Drucker, Computer, Handy

4.1 A 2
1) produzieren: herstellen, fertigen
2) die Firma: der Betrieb, das Unternehmen

4.1 B1
1) die
2) der
3) die
4) das
5) den
6) dem
7) dessen
8) deren
9) was
10) denen
11) dem
12) wo

13) die
14) den
15) dem
17) denen
18) die
19) was

4.1. B2
1) ..., den wir oft besuchen.
2) ..., die viele technische Neuheiten hat.
3) ..., der ein elegantes Design hat.
4) ..., das für uns ganz neu ist.
5) ..., mit denen Herr Zurbriggen gern spricht.
6) ..., die er geleistet hat, wird er bezahlt.

4.1 B3
1) Meyer Sports Group ist ein Familienunternehmen, das 300 Mitarbeiter hat.
2) Wir haben neue Mitarbeiter, denen wir vertrauen.
3) Ich treffe den Vertreter der Firma Riemer, den ich schon seit Jahren kenne.
4) Puma ist ein Sportartikelhersteller, dessen Produkte weltbekannt sind.
5) Chantal ist eine Arbeitskollegin, mit der ich gern zusammenarbeite.

4.2 A1
2) die Speditionsfirma = die Spedition + die Firma
3) die Nahrungsmittelindustrie = das Nahrungsmittel + die Industrie
4) das Versandhaus = der Versand + das Haus
5) die Versicherungsgesellschaft= die Versicherung + die Gesellschaft
6) der Dienstleistungssektor = die Dienstleistung + der Sektor

4.2. B1
1) Was für ...
2) Was für ...
3) Was für ...
4) In welcher ...
5) Zu welchem ...
6) Was für ...
7) In welchem ...
8) Was für einen Computer ...
9) Was für ...
10) Welche ...

4.2 B2
1) Das ist ein neues Produkt
2) Das ist eine schöne Stadt.
3) Das ist ein schneller Computer.
4) Das ist ein neuer Markt für uns.
5) Das ist eine erfolgreiche Firma.
6) Das ist ein modernes Büro.

4.2 B3
1) unsere aktuellste
2) deine neue
3) Ihrem neuen Kunden ein- kaltes
4) unsere / unseren schweren Koffer?
5) eine sofortige
6) einen langen
7) ein- schönes
8) ein- neues, keine neuen
9) unsere neue
10) Ihr- neuer
11) unsere neue
12) ein- modernes, großes

4.2 B4
1) a
2) d
3) b
4) a
5) c
6) e

4.3 A1
1) eine Million siebenhundertvierunddreißigtausendzweihundertvier
2) achtundzwanzigtausend
3) zweihundertviertausendsechshundertneunzig
4) drei Millionen zweihundertfünfzigtausend
5) sechstausendneunhundertzweiundsiebzig
6) fünf Milliarden einundsechzig Millionen vierhundertfünfundzwanzigtausend
7) zwei Drittel
8) viereinhalb
9) fünf Sechstel
10) eineinhalb

4.3 A2
a) Beschäftigte
b) beschäftigt
c) Mitarbeiter
d) Umsatz
e) Mrd.
f) Rezession
g) gesunken
h) Folge
i) Nachfrage

4.3 A3
1) d
2) b
3) c
4) a

4.3 B1
1) In welcher Branche sind Sie/sie/die Firma/ ... tätig?
2) Bei welcher Firma arbeiten Sie?
3) Wie hoch ist Ihr/ihr/der Umsatz? Wie hoch ist der Umsatz der Firma?
4) Wie viele Mitarbeiter haben Sie / ... hat die Firma?

4.3 B2
1) stärker
2) höher
3) größer
4) niedriger

4.3 B3
1) größer/höher als, mehr Mitarbeiter als, weniger Filialen als
2) niedriger als, weniger Mitarbeiter als, mehr Filialen als

4.3 B4
1) weniger teuer als das / teurer als
2) Ich esse lieber Schokolade als Eis.
3) Georg arbeitet besser als Karin.
4) Paula spricht lauter als Linda.
5) Das Auto kostet mehr als das Motorrad.
6) Mein Freund ist größer als mein Bruder.
7) Der Weg zur Kirche ist kürzer als der Weg zum Bahnhof.
8) Mannheim ist näher von hier als Darmstadt.
9) Frankfurt ist weiter entfernt von hier als Freiburg.

4.3 B5
1) an Anfang seiner
2) in der Nähe des
3) im Laufe des
4) die Struktur der
5) Die Anzahl der
6) am Ende der

4.3 B6
1) wegen einer
2) Während der
3) anstatt eines Doppelzimmers
4) trotz des hohen Preises
5) außerhalb der
6) innerhalb der
7) Aufgrund eines Problems
8) Anhand der

4.4 A1
1) Hauptsitz
2) Gesellschaft
3) Tochtergesellschaft/Niederlassung
4) gehören
5) Niederlassung
6) Filialen
7) Standort
8) Muttergesellschaft

4.4 B1
1) Was für eine Firma ist (die) Sander AG?
2) Was stellen Sie/stellt Ihre Firma her?
3) Wo hat Ihre/die Firma ihren Sitz?
4) Haben Sie Filialen?
5) Wie hoch ist Ihr Umsatz? Wie hoch ist der Umsatz Ihrer Firma?
6) Wie viele Mitarbeiter haben Sie/beschäftigen Sie?

4.5 A1
a) Betrieb, b) existieren, c) Fabrik, d) Gründung, e) Umsatz, f) beschäftigen, g) Mitarbeiter, h) Kundschaft, i) Ziel, j) erhalten, k) erweitern, l) beabsichtigen, m) planen, n) Filiale

4.5 A2
1) Filialen eröffnen, Filialen schließen, Filialen ins Ausland verlagern
2) Anzahl der Mitarbeiter verkleinern, Anzahl der Mitarbeiter erhöhen
3) Kunden werben, Kunden befragen, Kunden gewinnen
4) Produkte entwickeln, Produkte verbessern, Produkte auf den Markt bringen
5) Aktivitäten steigern, Aktivitäten erhöhen, Aktivitäten ins Ausland verlagern
6) Umsatz steigern, erhöhen, Umsatz verbessern

4.5 B1
1) Wir beabsichtigen, neue Produkte zu testen.
2) Wir hoffen, weitere Bestellungen zu bekommen.
3) Wir versuchen, unsere Exportmärkte aufzubauen.
4) Wir freuen uns darauf, Ihnen unseren Personalleiter vorzustellen.
5) Wir sind daran interessiert, neue Maschinen zu kaufen.
6) Unser Ziel ist es, günstige Artikel anzubieten und neue Kunden zu erreichen.
7) Wir planen, diese Fabrik zu verkaufen.
8) Es freut uns, neue Produkte zu entwickeln.

Zum Lesen
1) Victorinox ist eine Familienfirma.
2) Victorinox existiert/gibt es seit 1884.
3) Die Firma produziert hauptsächlich Messer.
4) Die Produkte sind Qualitätserzeugnisse / von höchster Qualität.
5) Das Ziel der Firma ist, den Kunden mit preiswerten Qualitätserzeugnissen zu dienen. Sie möchte wirtschaftlichen Gewinn erzielen und auch in Zukunft Arbeitsplätze in einem gesunden Arbeitsumfeld sichern.
6) Das bekannteste Produkt von Victorinox ist das „Original Swiss Army Knife".
7) Es gibt über 100 Varianten.
8) Das Messer symbolisiert / Es ist der Inbegriff für gute Qualitätsarbeit und Präzisionsarbeit.
9) a) Haushaltsmesser, b) Berufsmesser, c) Uhren, d) Reisegepäck, e) Bekleidung, f) Parfüm
10) Victorinox ist in über 100 Ländern vertreten.
11) Victorinox hat Niederlassungen in 8 Ländern.
12) Die Produkte kann man im Fachhandel kaufen.

KAPITEL 5

5.1 A 1
1) Außendienst
2) Vertrieb
3) Geschäftsführung
4) Versand
5) Entwicklung
6) Buchhaltung
7) Fertigung
8) Kundendienst
9) Logistik
Lösungswort: Abteilung

5.1 B1
1) bei, für
2) zu
3) um, für
4) an, für
5) über, über
6) zu, auf

5.1 B2
1) für das
2) mit der (einer)
3) in der
4) für den/deinen/Ihren
5) zu unseren
6) aus den
7) mit der
8) um die
9) auf Ihren/deinen
10) über ein/das/mein/ihr/Ihr/unser/euer
11) über die
12) über den
13) über die
14) mit der / unserer
15) nach dem
16) für die
17) mit der
18) mit dem Chef
19) mit der Produktion
20) zu einem

5.2 A1
1) Überstunden
2) gleitende Arbeitszeit
3) Feierabend
4) Monatsgehalt
5) Feiertag
6) Vorschuss
7) Gehaltserhöhung
8) Urlaubstage
9) Arbeitszeit
10) Zulage
11) Mittagspause
12) Stundenlohn

5.2 B1
1) weniger als
2) so lang wie
3) längere Arbeitswoche als
4) weniger Stunden als
5) mehr als
6) Die kürzeste, am längsten

5.2 B2
1) am
2) das
3) die
4) die
5) die
6) am

5.2 B3
1) am teuersten, am billigsten
2) Am liebsten fahre ich Ski.
3) Gian-Luca spricht am besten Deutsch. Antonia spricht am schlechtesten Deutsch
4) Klara singt am lautesten. Anna-Maria singt am leisesten
5) Der Außendienstmitarbeiter hat den niedrigsten Lohn. Der Direktor hat den höchsten Lohn.
6) Siemens macht den kleinsten Umsatz. ABB macht den größten Umsatz.
7) Der Weg zur Post ist am längsten. Der Weg zur Universität ist am kürzesten.
8) Carla verdient am wenigsten Geld. Anna-Maria verdient am meisten Geld.

5.2 B4
1) tiefsten
2) neuen
3) netten
4) blonde
5) beste
6) modernen
7) neue
8) letzte
9) neue
10) großen
11) jungen
12) besten
13) große
14) alte
15) aktiven
16) aktuellen
17) niedrigen
18) niedrigen
19) hohen
20) langen
21) kaufmännische
22) alte
23) neuen
24) hohe
25) durchschnittliche
26) schlechten
27) durchschnittlichen
28) geringe
29) sympathische
30) netten

5.2 B5
1) den gewünschten
2) Diese niedrige
3) dieses billige
4) dieser kleinen
5) diesem letzten
6) Dieses neue
7) diesem neuen
8) diese interessante
9) dieser bekannten
10) Diese nette
11) diesen jungen; der neue
12) das ganze
13) die nächsten
14) die ganze
15) der ganzen

5.3 A1
1) gegenüber
2) Neben
3) zwischen
4) im, im
5) Rechts, gegenüber
6) neben

5.3 A2
Treppen, Stock, Flur, Abteilung, sechste Tür, Kantine, links

5.3 A3
1) Die Verwaltung.
2) Der Parkplatz für das Personal.
3) Die Personalverwaltung.
4) Der Produktionsleiter. / Das Büro des Produktionsleiters.

5.3 B1
1) Im Erdgeschoss, neben dem Konferenzzimmer.
2) Im ersten Stock, neben dem Druckraum.
3) Im zweiten Stock, gegenüber der kaufmännischen Abteilung
4) Links neben der Verwaltung.
5) Links vom Haupteingang

5.3 B2
1) den
2) die
3) Ins
4) den
5) Aufs
6) die

5.3 B3
1) bei, mit
2) bei
3) mit
4) Bei, zu
5) zu
6) bei
7) mit
8) bei
9) mit der
10) mit (bei), zu

5.3 B4
1) in den
2) an der, im
3) vor dem (am)
4) entlang
5) im
6) im
7) in einem
8) in den, Auf der
9) neben das
10) neben dem, beim
11) zum
12) mit den, in die
13) ins
14) in die, zum
15) im
16) im
17) beim
18) neben
19) von der
20) in, nach
21) an den

5.4 A1
1) Anfrage
2) Angebot
3) Auftrag
4) Auftragsbestätigung
5) Lieferschein
6) Rechnung

5.4 A2
1) bestellen
2) beobachten
3) geben
4) angeben
5) einstellen
6) beraten
7) besprechen
8) planen

5.4 B1
1) Wofür sind Sie verantwortlich?
2) Worin besteht Ihre Arbeit?
3) Womit befassen Sie sich?
4) Worüber habt ihr / haben Sie gesprochen?
5) Woran arbeiten Sie im Moment?
6) Worauf freust du dich / freuen Sie sich?

5.4 B2
1) Worauf freust du dich besonders?
2) Womit spielst du gerade?
3) Wonach fragt er / fragst du / fragen Sie? Wonach haben Sie gefragt?
4) Wofür interessierst du dich?
5) Woran zweifest du / zweifelt ihr / zweifeln Sie?
6) Worum kümmerst du dich / kümmern Sie sich?
7) Worüber ärgerst du dich / ärgern Sie sich?
8) Worum handelt es sich?

5.4 B3
1) Worüber spricht er?
2) Über wen sprecht ihr?
3) Auf wen warten sie?
4) Worauf wartest du?
5) Für wen ist dieses Angebot?
6) Wofür ist das Geld?
7) Womit kommen sie?
8) Mit wem kommt Frau Leuthard zum Termin?
9) Womit bist du fertig?
10) Wogegen ist unser Chef?

5.4 B4
1) Ja, ich warte auf ihn.
2) Ja, wir nehmen daran teil.
3) Ja, er sitzt neben ihm.
4) Ja, er steht daneben.
5) Ja, es gehört dazu.
6) Ja, ich habe schon davon gehört.
7) Ja, ich bin dafür zuständig.
8) Ja, ich habe mich darauf vorbereitet.
9) Ja, wir ärgern uns oft über ihn.
10) Ja, sie passt dazu.

5.4 B5
1) wovon, von, davon
2) Mit wem, mit, mit dem/ihm
3) woran, an, daran
4) worauf, auf, darauf
5) für wen, für, für sie
6) von/mit wem, von/mit, von/mit ihm
7) womit, mit, damit
8) an wen, an, an sie
9) Auf wen, auf, auf den/ihn

5.4 B6
1) mich
2) uns
3) sich
4) sich
5) euch
6) mich
7) dir
8) sich
9) mir
10) dich

5.4 B7
1) uns
2) sich
3) mich
4) mich
5) sich
6) sich
7) mich
8) dich

5.5 A1
1) sympathisch
2) ehrgeizig
3) flexibel
4) hilfsbereit
5) gelassen

KAPITEL 6

6.1 A1
1) die Lage: verkehrsgünstig, zentral, ruhig, erstklassig
2) die Ausstattung: modern, stilvoll, individuell
3) die Atmosphäre: gemütlich, stimmungsvoll, angenehm, ruhig, professionell
4) die Küche/das Essen: international, regional,
5) der Service: aufmerksam, professionell, erstklassig

6.1 A2
E Regina Hotel Stuttgart, guten Tag.
K Guten Tag, hier **spricht Frau Hauser von der Firma Meier**. Ich brauche **zwei Einzelzimmer** und **zwei Doppelzimmer** in der **zweiten** Juniwoche. Haben Sie da **noch etwas frei**?
E Moment, ich **sehe nach** … Ja, das geht.
K Gut. Und **was / wie viel kosten** die Zimmer?
E Die Einzelzimmer kosten 80 **bis** 90 Euro pro Nacht, die Doppelzimmer **120** bis **140** Euro.
K Sind die Preise **inklusive** Frühstück?
E Ja, das **Frühstück**, die **Bedienung** und die **Mehrwertsteuer** sind im Preis **inbegriffen**.
K OK. Und haben alle Zimmer **Bad oder Dusche**?
E Ja, natürlich.
K Gibt es **Parkmöglichkeiten** in der Nähe?
E Ja, wir haben eine **Tiefgarage**, die kostet 7 Euro pro Tag.
K Gut. Ich möchte also die Zimmer **reservieren**.
E Auf welchen **Namen** bitte?
K Meier, das ist der **Name der Firma**. Die Namen der Gäste kann ich Ihnen jetzt noch nicht sagen. Können Sie die Reservierung per Fax **bestätigen**?
E Natürlich, Frau Hauser, das mache ich noch heute.
K Noch eine Bitte. Können Sie mir **erklären / sagen**, wie man vom Bahnhof zum Hotel findet?
E Am besten **schicke** ich Ihnen unsere Broschüre. Darin ist ein **Plan / Stadtplan** auf dem die Lage unseres Hotels markiert ist.

6.1 A3
An: Frau Hauser
Von: Mina Hoffer
Betrifft: Ihre Reservierung
Sehr geehrte Frau Hauser, … bestätigen
2 Einzelzimmer …, Preis von … pro Nacht , zwei Doppelzimmer …, zum Preis …, pro Nacht, … inklusive Frühstücksbüffet, Bedienung und MwSt., Anreise: 8. Juni 20…, Abreise: …, für 2 Nächte

6.1 B1
1) Akkusativ
2) Nominativ
3) Akkusativ
4) Dativ
5) Akkusativ
6) Akkusativ
7) Nominativ
8) Dativ
9) Dativ
10) Akkusativ
11) Dativ
12) Dativ

6.1 B2
a) ruhiger, erstklassiger, überdachter, große, hoteleigenes
b) ruhiger, sonniger, schönem, große, kleiner
c) kleines, schöner, gemütlicher, hausgemachte, Reiche, frischen
d) Junge, dynamische, perfekten, Unregelmäßige, internationaler
e) Junger, schwarzem, grünen, junge, schlanker, langem, klassische, französische, lange

6.1 B3
1) telefonische, schriftlich
2) kleine, billigen
3) großem, gemütlichem
4) geheiztes, kostenlosen, zentrale
5) geschmackvoll, moderne
6) verschiedenen
7) eingerichtete, schalldichte
8) Geänderte
9) gemütliche, kleine, interessanten, internationale, schicke
10) öffentliche
11) internationalem
12) Nächste
13) bekanntem, neue
14) musikalischer
15) Weitere, öffentlichen

6.2 A1
1) Ich erhalte die „Handelszeitung" wöchentlich.
2) Der Bus fährt stündlich.
3) Jährlich findet die Konferenz in Hannover statt.
4) Monatlich müssen wir einen Bericht an die Geschäftsleitung schicken.
5) Probleme mit dem Computer hat unsere Sekretärin täglich.

6.2 B1
1) Als
2) Als
3) Wenn
4) Als
5) Wenn
6) Als

6.2 B2
1) weil
2) damit
3) damit
4) Damit
5) weil
6) weil

6.2 B3
1) …, obwohl er keine Freizeit mehr hat.
2) …, weil ich einen schönen Beruf habe.
3) …, obwohl sie schwer arbeiten muss.
4) …, weil ich schlechte Arbeitszeiten habe.
5) …, obwohl wir wenig Geld verdienen.
6) …, obwohl sie am Wochenende arbeiten müssen.
7) …, weil er viel Arbeit hat.
8) …, weil sie keine Lust mehr hat.

6.2 B4
1) ob / wann
2) ob
3) Wenn
4) ob / wann
5) ob
6) Wenn
7) ob
8) Wenn

6.2 B5
1) bevor
2) Während
3) Seitedem
4) solange
5) Bis
6) sobald
7) bis
8) während
9) Wenn
10) nachdem
11) Wenn
12) Da
13) Während
14) Bevor
15) Obwohl

6.2 B6
1) weil
2) deshalb
3) denn
4) dann
5) dass
6) wenn

6.3 A1
1) g
2) f
3) d
4) a
5) b
6) c
7) h
8) e

6.4 A1

B	A	H	N	H	O	F	G	O	G	L	E	S	A
I	F	T	E	I	N	S	T	E	I	G	E	N	U
A	S	H	A	L	T	E	S	T	E	L	L	E	S
U	T	R	B	O	A	X	P	A	N	E	I	S	F
T	A	U	B	B	L	E	D	N	W	I	D	P	A
O	D	T	I	A	U	I	Q	K	E	P	A	U	H
B	T	L	E	G	L	E	I	S	K	L	O	R	R
A	P	O	G	C	T	G	O	T	M	E	R	H	T
F	L	U	E	R	V	K	R	E	U	Z	U	N	G
N	A	U	N	C	H	T	D	L	R	Z	O	X	A
G	N	E	S	A	F	A	H	R	K	A	R	T	E
D	A	F	V	E	R	S	P	A	E	T	U	N	G
S	C	H	A	L	T	E	R	G	L	I	N	E	R
G	E	P	Ä	C	K	W	A	G	E	N	O	N	G

6.4 A2
1) Gepäckwagen
2) Bahnhof
3) einsteigen
4) Verspätung
5) Kreuzung, abbiegen
6) Stadtplan
7) Spur, Ausfahrt
8) Fahrkarte
9) Auto
10) Gleis

6.4 A2
Öffentliche Verkehrsmittel, Vorteile: umweltfreundlich, pünktlich, billig. Nachteile: überfüllt, zu langsam, schlechte Verkehrsverbindungen
Auto, Vorteile: flexibel, bequem, schnell, praktisch. Nachteile teuer, anstrengend, umweltschädlich, gefährlich, Stau, Geldbuße, Panne, parken

6.4 B1
1) zum
2) nach
3) in der
4) zum
5) nach
6) in die
7) zum
8) nach
9) in die
10) zur
11) in der
12) in
13) in die
14) in, in, in der
15) nach
16) In den
17) in den
18) zum, nach
19) in
20) zur, nach

6.4 B2
1) ins
2) ins
3) zum
4) zum, zur
5) in die
6) zum
7) zur
8) Zum
9) zum
10) ins
11) in die, in
12) zum
13) in den
14) zur
15) ins
16) in die
17) ins
18) zur
19) zur
20) zur

6.5 A1
a) Fachmesse, b) aus, c) werben, d) Aufträge, e) vor, f) Besucher, g) sammelt, h) Konkurrenz

6.5 B1
1) …, um schneller anzukommen.
2) …, um Kaffee zu kochen.
3) …, um sich die Nachrichten anzusehen.
4) …, um einen neuen Roman zu kaufen.
5) …, um ins Ausland zu fahren.

6.5 B2
1) Ich ziehe einen dicken Pullover an, um mich nicht zu erkälten / damit ich mich nicht erkälte.
2) Ich schreibe den Kunden, damit sie die Rechnung sofort bezahlen.
3) Er geht sofort los, um pünktlich am Bahnhof zu sein.
4) Ich nehme ein Schlafmittel, damit ich besser schlafen kann / um besser schlafen zu können.
5) Ich gebe Heinrich einen starken Kaffee, damit er nicht einschläft.
6) Er macht die Tür zu, damit er ruhig arbeiten kann / um ruhig arbeiten zu können.
7) Sie lernt Japanisch, damit sie in Tokio arbeiten kann / um in Tokio arbeiten zu können.
8) Ich übe jeden Tag eine Viertelstunde, damit das Lernen nicht zu anstrengend wird.

6.5 B3
1) …, neue Märkte zu erschließen.
2) …, neue Kunden zu gewinnen.
3) …, um ein breites Fachpublikum zu erreichen.
4) …, um die Reaktion der Besucher zu testen.
5) …, das Auslandsgeschäft zu erweitern.
6) …, den Umsatz auf 25 Mio. zu erhöhen.
7) …, um einen Termin zu vereinbaren.
8) …, an der Messe teilzunehmen.

6.5 B4
1) Die Entwicklung des Markts wird von uns sehr genau verfolgt.
2) Diese Neuheit ist dieses Jahr von den Fachleuten entwickelt worden.
3) Dieser Trend ist schon lange beobachtet worden.
4) Letzte Woche wurde von uns Kontakt mit unseren Stammkunden aufgenommen.
5) Die Fachmesse in Hannover wird von vielen Besuchern aus dem Ausland besucht.
6) Der Vertrag mit den Lieferanten war schon abgeschlossen worden.
7) Die MUBA in Basel und die BEA in Bern wurden von den Vertretern besucht.
8) Auch Kontakte mit der Konkurrenz werden von uns gepflegt.
9) Ist von euch eine Marktnische entdeckt worden?
10) Alle Lieferanten wurden von unserer Firma auf die Fachmesse eingeladen.

6.5 B5
1) Wir haben unsere Vertretung im Ausland regelmäßig informiert.
2) Wir stellen eine starke Beteiligung neuer Aussteller fest.
3) Herr Borer hat den Auftrag unterschrieben.
4) Unser Fachmann hatte die Neuheit vorgestellt.
5) Man testete das Produkt erfolgreich.
6) Man wird die Entscheidung in den nächsten Tagen treffen.
7) Frau Sing leitet die Firma.
8) Man hat ein interessantes Geschäft abgeschlossen.
9) Unsere Vertreter haben viele Aufträge abgeschlossen.

6.5 B5
1) Das Hotel muss heute reserviert werden.
2) Ein neues Modell wurde von der Firma Xanadu entwickelt.
3) Die Sekretärin hat das Hotel empfohlen.
4) Frau Schumacher hatte eine Fahrkarte gekauft.
5) Man mietet einen Kleinwagen bei Europcar.
6) Man wiederholte die Durchsage regelmäßig.
7) Eine Verspätung des Fluges LH 661 wurde angekündigt.
8) Man sagt den Zug von Freiburg nach Basel an.
9) Bei der Autovermietung muss man einen Ausweis abgeben.
10) Wurde von Herrn Borer ein Wagen in Hannover gemietet?

6.5 B6
regelmäßige Verben: entwickelten (entwickeln), reisten (reisen)
unregelmäßige Verben verlieh (verleihen), erhielt (erhalten), war (sein), entstanden (entstehen)

Bildquellennachweis

Cover Fotolia LLC (pressmaster), New York; Cover Fotolia LLC (Thomas von Stetten), New York; Cover shutterstock (Dmitriy Shironosov), New York, NY; 5 Fotolia LLC (pressmaster), New York; 6.1 Avenue Images GmbH RF (CorbisRF), Hamburg; 12.1 iStockphoto (Alexander Kalina), Calgary, Alberta; 22.1 iStockphoto (Silvia Jansen), Calgary, Alberta; 23 Fotolia LLC (Thomas von Stetten), New York; 30.1 Thinkstock (iStockphoto), München; 38 Thinkstock (Stockbyte), München; 43.1 Thinkstock (Jupiterimages), München; 44 iStockphoto (Maksim Shmeljov), Calgary, Alberta; 48.1 Thinkstock (iStockphoto), München; 53.1 Thinkstock (Eileen Bach), München; 59.1 Thinkstock (iStockphoto), München; 63.1 Thinkstock (Hemera), München; 67.1 Thinkstock (Stockphoto), München; 72.1 Thinkstock (Photos.com), München; 86.1 Thinkstock (iStockphoto), München; 89.1 Thinkstock (Stockbyte), München; 93 piqs.de/CC-BY-SA-3.0 (Knipsermann); 95.1 Thinkstock (Ryan McVay), München; 98.1 Thinkstock (Nick White), München; 102.1 Thinkstock (Jupiterimages), München; 108.1 Thinkstock (iStockphoto), München; 110.1 Thinkstock (Ciaran Griffin), München; 114.1 Thinkstock (Hemera), München; 122.1 Thinkstock (iStockphoto), München; 124 Alamy Images (imagebroker), Abingdon, Oxon; 126.1 Thinkstock (Comstock), München; 133.1 Fotolia LLC (victoria p.), New York; 147.1 Thinkstock (Stockbyte), München; 149 Thinkstock (Stockbyte), München